JN059107

リスク管理と民主主義

自然災害・パンデミックに直面する前に

瀬尾佳美

明石書店

最愛の娘に　そしてリスク時代を生き抜くすべての人に

目　次

序論　リスク学の役割

　リスク学は，人や社会に及ぶ危険を確率論的に論じるものである。比較的新しい学問分野であり，ここ四半世紀ほどのうちに急速な発展をとげた。食の安全や化学物質のリスクといった分野の規制等においては，一定の役割を果たしてきたと言える。しかし，専門家と一般人の意見が分かれるような案件，また専門家同士でも意見が分かれるような案件については多くの課題が残されている。

　「リスク」は古典的には「損害の大きさ」とその「発生確率」の積によって定義される。つまり期待値であり，経済学などの「リスク」が分散で定義されているのとは異なるため，若干の注意が必要である。リスク学でいう「損害」は金銭的な被害とは限らない。事象ごとに適切なエンドポイント，つまり最終的に避けるべきものを定義し，その確率を積み上げていく。この点も，コスト，ベネフィットともに，ほとんどのケースで金銭をスケールとする一般的な経済学との違いである。

　エンドポイントの設定には様々な考え方がある。たとえば，原子力発電所の事故で言えば，事故の発生そのものをエンドポイントとするのか，その結果として発生する死傷や健康被害をエンドポイントとするのか（あるいはその両方なのか）で，取るべき対策が異なってくる。地震のような自然災害の場合，事象としての地震を避けるすべはないので，その結果としての建物の倒壊や死者数あるいは経済的損害をエンドポイントとするのが適当である。

　避けるべきエンドポイントは何なのかを注意深く考えることは当該リスクの本質を理解する上で非常に重要である。リスク学がここに柔軟性をもつ点が魅力でもあり，また論争の元にもなる。実際，エンドポイントを適

切に定めることは簡単ではない。理由の一つは，リスクと便益のバランスをどのようにとるかは，文化や価値観にも依存する問題だからである。リスクはどのように管理しても，何らかの便益をとりながらゼロにすることはできない。またその必要もない。限りなくゼロに近くしようとすれば，場合によっては途方もない費用がかかったり，不自由が生じたりするものである。だが，どのレベルのリスクを容認するかは，人によっても国によっても異なるのが普通である。そして理由のもう一つは，リスクのある意思決定から便益を受ける人と，そのリスクあるいはコストを引き受ける人が一般には異なっているためである。もし両者が完全に一致しているのであれば，その人なり組織なりが固有の価値観にしたがって判断を行うことに支障はない。だが，たとえば気候変動を例にとると，化石燃料を使い栄えた国々と，海面上昇や洪水の増加などのリスクにさらされる国々とは異なっている。また，利益を受けるのは現在の人々であり，不利益を受けるのは次の世代かもしれない。つまり，地理的な分断に加えて，時間的な分断も存在している。それだけではない。同じ国内であっても，たとえば感染症にしても自然災害にしても，富裕層や若い人は比較的リスクが低い傾向にあり，経済的，あるいは身体的弱者がハイリスクになることが多い。つまり社会的，経済的分断もあり得るのである。

　このような中で，何をリスクと考えるのか，具体的になにをリスクのエンドポイントとするのか，どの程度のリスクを容認するのか，対策にどの程度の費用をかけ，それをだれが負担するのか，を考えることは社会の在り方そのものを考えることと同義である。そして，そのあり方を決める際には，多数決民主主義ではなく，多くの立場の人が参加し，特定の人や世代にリスクが押し付けられないような仕組みを作らなければならない。

　リスク学は，このような仕組みづくりをサポートする，意思決定のツールである。初期のリスク学は，リスクを損害の大きさとその発生確率の積によって定義し，それを指標とすることで，短期的な関心やメディアなどの影響にとらわれず，長期的，科学的な意思決定を進めようとした。これは多くの人を納得させ，合理的な意思決定を行うことに貢献したと考え

られる。だが，リスクを指標とすると，意思決定が機械的に可能になるわけではない。前述のように，そもそも何をエンドポイントとするか，という点に社会の価値観が含まれているからである。科学という形而下の視点と価値観という形而上の視点を両輪とするのがリスク理論の体系であるが，形而上の問題は民主的な手段で決定されるべき事柄である。

　リスクのエンドポイントに柔軟性があるのは，多様な価値観に対応できるという点で優れている一方，「何をリスクとするか」について事前にコンセンサスを形成する必要があるという点に難しさがある。政策の順位付けを透明化する「リスク」という基準の統一性と，多様な価値観の肯定は，政策ツールとしてのリスク学が内包するディレンマといえる（池田・瀬尾, 1998）。価値観の問題を離れることができない以上，リスク学の出す正解は一つではない。それでは指標を導入したところで問題が整理されないかといえば，そんなことはない。リスク学の役割が意思決定そのもの以外に，意思決定の基準やプロセスの透明化にあるからである。

　意思決定の基準やプロセスが透明であれば，間違った時でもどこで間違ったのかが明確になる。時代による変更の必要があれば，その必要箇所も明確になる。なによりどこに意見の食い違いがあったのか，データの誤認なのか価値観の問題なのかが明らかになり，次にどのような調査研究，データ，あるいはコミュニケーションが必要なのかが明らかになるであろう。つまりリスク学はエンドポイントに議論の余地を残したまま発展したという背景から，コミュニケーションのためのツール，民主的な手続きを補助する道具としての役割を担うことが可能なのである。

　自然災害やパンデミック，気候変動など，社会に大きな損害をもたらす可能性のある事象では，沢山の異なる立場，異なる経済状況，異なる意見の人々が当事者として関係する。様々な状況を想定して科学的な手法でリスクを見積もった上で，民主的な手続きで意思決定を行うのがリスク理論の求めるものである。特に，専門家と直接の当事者（stakeholder）が意見を出し合うリスクコミュニケーションは，時間とコミュニケーションの専門知識と一定水準のプロセスが必要であり，平時でなければできない。危機

に直面しての意思決定は，科学的でも民主的でもなく，場当たり的になる可能性が高い。基準も理由も明確ではなく，ひどい場合は記録も残らず検証もできない。結果として「人は過去に学ばないものだ」という教訓以外は何も残さない。それどころか非常時に超法規的に私権の制限などを行い，それが前例となってしまう可能性もあるだろう。

　本書は危機に直面する前にリスクを考えるためのものである。異なる立場の人がどのようにリスクを考え，共有し，管理していくかの手助けをすることが目的である。本書は大きく三つの章から成り立っている。I 章 II 章ではリスクに関するいくつかの重要な考え方について論じる。I 章は様々なリスクについての理解を深めることを，II 章は主に多様な主体による対策について論じている。III 章は気候変動とともに今後増加すると考えられている，激甚な水害を例にとり I，II 章で見たリスク論的発想から対策などを含めて議論することを目的とする。

［参考文献］
池田三郎, 瀬尾佳美, 1998,「グローバルリスクへのアプローチ試論 — 統合政策科学としてもリスク分析とリスクコミュニケーションの役割」, 環境情報科学 27(4), 8-12.

I 章　リスクの概念

1. リスクはゼロにはならない

Risk vs. Risk

およそ我々の生活をとりまく意思決定のすべてに何らかのリスクがある。道を歩けば事故にあうかもしれないし，何かを食べれば残留農薬や食品添加物を摂取してしまうかもしれない。100％安全安心な食品であっても（そんなものは滅多にないのだが）食べ過ぎれば，肥満や糖尿病などのリスクにさらされる。

リスクをとるのはそこに便益があるからだ。食品添加物や汚染物質の含有が目に付くにしても，何も食べなければ高い確率で死に至る。近海の魚には有機水銀やダイオキシン類が含まれているかもしれないが，貴重な栄養素も含まれる。外出には感染症や事故のリスクはあるが，家にこもり過ぎれば，仕事を失うかもしれないし，健康を害するかもしれない。何も選択しない，という選択にも，もちろんリスクがある。

ここでいう「便益」には，金銭的な便益だけではなく，長期的な健康や精神的な満足感など，様々なものが含まれる。他のリスクを避けられるというのも便益の一つである。なにか一つのリスクを避けようとすると，しばしば別のリスクが発生する。その「新たに発生するかもしれない不利益」も含めた判断が意思決定時に必要となるのである。

滅多に中らないからこそ中る

話芸で紹介される川柳に『あたらぬがある故ふぐの怖さかな』というものがある。五代目古今亭志ん生は，これを落語「らくだ」の枕に使っていた。登場人物である「らくだ」こと馬さんは，ふぐ毒に中るのだが，志ん生は「食えばたしかに中るんなら誰だって食やしねえや。いくらんまくったって中ったんじゃしょうがないから」とふぐ毒のリスクについて語っ

ていたのである。ふぐに中ることは滅多にない。滅多にないからこそ中る。リスクがごく小さいからこそ人を殺すことがあるという，リスクの核心をついているところが面白い。世界をパンデミックに陥れたCOVID-19感染症にしても，仮にエボラウイルス並みの致死率であったなら，収束はむしろ早かったかもしれない。結果として総死者数も抑えられた可能性もないとは言えない。煩く言われなくても，恐ろしくて誰も出歩きはしないからだ。

　人はごく小さいリスクを事実上ゼロだと考える。航空機が時々落ちることは承知していても，海外出張の前にそのリスクを勘案したりはしない。どれだけ離婚率が高くても，結婚前には自分たちだけは破綻しないと信じている。いちいちリスクを考えていては日常生活を営むのが困難になるからである。破綻のリスク率を話し合っているうちに，結婚の熱が冷めないとも限らない（とはいえ婚前契約はおすすめである）。リスクをあれこれ心配ばかりしていては心身に不調をもたらすかもしれないし，判断に時間もかかる。楽観主義や正常性といったバイアスは，脳のエネルギーと時間の節約，あるいは心の平静を保つという，脳のもつある種の合理性から発生する。この合理性とバイアスはヒューマン（→ Note）の特徴である。

　しかし，小さなリスクは事実上ゼロと同じだ，と人が思い込んだとしても実際にはゼロでない以上，その判断は科学的とはいえない。経験やある種のバイアスのおかげで，ほとんどのケースにおいて判断の"コスパ"が良くなるのだとしても，ある確率でそれが大きな損害を招く。正常性バイアスのため，危機が迫っていても逃げることをせず，すぐに逃げれば助かったはずの多くの命が失われたという事例もある。

　人は人と同じことをしていれば，それなりの満足が得られることが多い。人の流れに沿って行けば知らない場所でうまく繁華街や駅を見つけることもできる。だが，こうした「群れに従う」人間の特性は時に人々の集団を集団ごと間違った方向に導くことがある。戦時中の日本やドイツのように，集団ごとある方向を向いてしまうのである。個人も政府も"平時に"おちついてリスクについて考えておかなければ，脳のバイアスや同調圧力にお

されて，科学的，合理的な考えから遠ざかってしまうかもしれない。

Note：ヒューマン————————————————————————————

　行動経済学では，人間のことを"ヒューマン"とよぶことがある。そして古典的な経済学で仮定される合理的な人間を"エコノ"と呼び両者を区別する。エコノは何時も完璧な意思決定を行うがヒューマンはそうではない。ヒューマンは意思決定の際にいちいち熟慮をせず，経験や直感で判断し，また他人の行動に影響される。たとえば，品物の本当のクオリティーはわからなくても，値段が高いほうが良いものなのだろうと考えたり，人気のあるものが使いやすいのだろうと考えたりする。家や車のように高価なものでないかぎり，入手可能な情報をすべて集めて熟慮することはしない。それである程度上手くいくものだという経験があるからだ。結果として時々ミスを犯し，時には集団で間違ってしまう。行動経済学者の Thaler & Sunstein (2008) は，こんなヒューマンが，重大なミスを犯さないように，ナッジとよばれる手法を提唱している。ナッジとは（正しい方向に）少しだけ肘で押す，といった意味がある。情報と知識（と善意）がある誰かが，少しだけデザインにヒントを入れると，選択の自由を損なうことなく好ましい選択を取りやすくさせることができるという。彼らはこうした発想を"リバタリアン・パターナリズム"と，矛盾した二つの思想を並べて表現している。

——

日常の中のリスク

　アメリカハーバード大学の教授であった Wilson (1979) は日常生活の中にある様々な行動を，100万分の1の死亡リスクを基準に切り取って見せた。「ワイン 1/2 リットルの飲酒」（肝硬変），「自転車で 10 マイル走ること」（交通事故），「飛行機で 1000 マイル飛ぶこと」（事故），「ニューヨークから来た人がデンバーで 2 カ月過ごすこと」（宇宙線によるがん），「スプーン 40 杯分のピーナッツバターを食べること」（アフラトキシンによる肝臓がん）などが，それぞれ 100 万分の 1 の死亡リスクをもたらすというのである。

　これらの数字は 1979 年当時のアメリカのものであり，現代の日本人に当てはまるものではない。日本人はアルデヒドの分解酵素を持たない人

が多いと言われるので，平均的には米国人より飲酒のリスクは高めだろう。航空機は現在でも時々墜落するものの，当時と比べれば安全性は格段に向上している。アフラトキシン類は土壌に生息するカビを原因とした猛毒であり，日本でも輸入飼料で肥育された乳牛から少量検出されることはあるが，リスクは大きいとはいえない。当時のアメリカと現代の日本でそれほど差がないのは宇宙線（高エネルギーの放射線）のリスクくらいだろうか。コロラド州デンバーは標高が1マイル（1600m）ほどの高さにある都市で，海面すれすれのニューヨークから行けば，2カ月で追加リスクが100万分の1程度上昇するという見積もりである。宇宙線のリスクは我々が想像するよりはかなり大きいが，それにしても，医療水準の向上により当時と比べれば死亡リスクは低減していると思われる。

　Wilsonの業績の重要なポイントは上記のような数値そのものではなく，そのメッセージにある。どんなことにも小さなリスクがあり，そのリスクは数値化しないと比較も判断もできない，という主張である。数値化の最大のメリットは，我々の誤謬を洗い出すことにある。人間の脳は小さいリスクを的確に認識するのは苦手であり，数値化されたリスクを見ると，しばしば直感とのずれを感じる。まず数値を眺めることが適切なリスク管理の第一歩なのである。

Note：アフラトキシン

　土壌に生息するカビが作り出すマイコトキシンの一種。特にAFB1は猛毒として知られる。これが収穫前の作物に入り込み，食品ではナッツ類，穀類，豆類などから検出され，摂取直後の急性中毒による死亡例もあるほか，慢性中毒としては肝臓がんや肝臓障害を引き起こす。日本では主に輸入作物にリスクがあり，安全基準が設けられている。またAFB1を含む飼料で肥育された牛の乳や母乳からはAFM1（AFB1を食べた動物から排出されるアフラトキシンでAFB1より毒性は低い）が検出される。欧州食品安全委員会はAFM1の平均濃度が高いのは，乳製品，牛乳ベースの乳児用食品などであり，体重当たりの暴露量が最も高かったのは乳児であったと報告している（EFSA, 2020）。

ゼロリスク神話

2011の3月11日，東日本を襲った巨大地震による津波は福島第一原子力発電所の原子炉を破壊した。このとき「崩壊した」のは原子炉だけではなく，「ゼロリスク神話」もまた崩壊した。事故直後の2011年3月16日配信の朝日デジタルの「『安全神話』の果て」と題する記事は「日本では長い間，『原発の大事故は起きない』と聞かされてきた。今回の原発事故はこれが神話だったことを示した」と述べている。また，同じ朝日新聞の同年3月19日の朝刊は「安全神話ゆえの人災」として，「専門家と称する学者や電力関係者は，何十年にもわたり無知なるが故の根拠なき不安として一笑に付してきた」と関係者を厳しく批判している。

だが，実は「安全神話」なるものが"崩壊"したのはもっと前の話である（木下，2011）。同じ朝日新聞の2001年の記事に「『安全神話』と決別 2000年版の原子力安全白書」と題したものがあり，国の原子力安全委員会（松浦祥次郎委員長）の「『原子力は絶対に安全』という安全神話を捨てるよう関係者に求めている」という発言を紹介している（2001/03/27付朝日新聞夕刊）。時系列でみると，福島の原子力発電所事故の10年前である。

原子力発電所は事故が起きたから安全神話が崩壊したわけではない。もともとあった小さいリスクが顕在化したのである。そもそもフクシマは史上初めての大規模な原子力発電所事故ではなく，スリーマイル島，チェルノブイリに続く3度目である。専門家がリスクを正確に伝えきれなかったのは確かであろう。国策であった原子力発電所をどこかに受け入れさせるため，必要以上に安全性を強調したのも考えられる話である。だが，上記のように記事を並べて見ると，マスメディアのリスク伝達能力も高いとは言えない。

「小さい確率」を伝えることは難しい。だが，小さくてもゼロでないことはきちんと伝えた上で，想定されるリスクに備え，また関係者を交えてリスクコミュニケーションが行われるべきであったろう。原子力発電所の事故は低確率であっても影響は甚大，いわゆる低頻度巨大災害（Low

Probability High Consequence: LPHC）のリスクである。しかも，福島のケースは自然災害を引き金にした複合災害であった。これはもっとも評価や管理が難しいリスクの一つであり，可能な限りデータを集め，様々な背景をもつ関係者がデータや知識を共有したうえで慎重な議論を行うことが必要であった。

Note：福島原子力発電所事故についてのノート

　2011年に事故があった福島第一原子力発電所の1号機は，アメリカのゼネラル・エレクトリック社（GE）のMark Iと呼ばれる機種である。機種のなかでも古いタイプであり，1971年に稼働を開始した。事故時，すでに40年稼働を続けた老朽炉であったが，地震の際は設計通り緊急停止している。また，地震で送電システムが損傷して主電源が失われた後も，想定通りに非常用発電機が起動している。だが，この非常用電源は地下に設置されており，その後の津波で失われた。津波や洪水リスクの高い日本でなぜ非常用電源が地下に設置されていたかといえば，アメリカでは主電源喪失の可能性が高い自然災害はハリケーンだからである。自然災害を引き金とする技術災害はNatech（Natural-hazard triggered technological）災害と呼ばれているが，リスクの因果構造はきわめて複雑であり，そのマネージメントには複数の分野の高度な専門家が必要となる。

2. 巨大災害のリスク (Extreme risk)

Fig. 2-1　東日本大震災：被災者の撮影（宮城県　佐藤氏）

予想はできても予知はできない

　リスクの特徴は不確実性にある。リスクが何時，どこで顕在化するのか，一般には予想が困難なのである。前節でみた日常的なリスクも，個人にとっては不確実性を含む。自分がいつどんな事故や病気になるかはわからない。だが，社会全体で見ると，日常のリスクはそれほど不確実なものではない。特定の誰かが交通事故にあうかどうかは分からないが，日本全体での一日の交通事故数であれば，それなりの精度で予測することができる。事故を起こしやすい年代もわかっている（自動車保険の保険料が高い年代が事故を起こしやすい年代である）。今後 AI やビッグデータの活用がますます進めば，年代以外にも様々な好みや特性，たとえば消費行動や閲覧する Web サイトなどによる事故率の違いなどが明らかになるかもしれない。つまり日常的な "リスク" は，社会全体で見れば予測可能である。したがって，"個人にとってのリスク" は，大数の法則を利用して数値化し，保険の仕組みによって分散することができる。

　一方，東日本大震災のような大災害は社会全体でみても確率的にしか発生しない。小規模災害は社会にとって確率的であっても問題にはならない

ので，大規模なものだけに着目するのだと言った方が正確かもしれないが，ともあれ，低頻度巨大災害は浴室での死亡や交通事故といった日常的な災害とは区別して考える。

　LPHC災害リスクの最大の特徴は，発生と影響の両面における社会にとっての不確実性にある。たとえば南海トラフで発生する地震は100年以内，200年以内などスパンを長くとれば，発生確率は1に近かもしれないが，具体的にいつ発生するのかを特定することは現在のところ不可能である。震源地や震源の深さなども同様で，非常にラフな予想はできたとしても予知はできない。その後津波は来るのか，来るとしたらどの程度になるのかなど，考えられることのすべてに大きな不確実性が伴う。

　また，災害発生後の影響の見積もりも意外に困難である。社会はたえず変化するからだ。時間がたてば人口も社会の年齢構成も変わる。たとえば社会の高齢化が進行すると，人的被害は一般に大きくなる。土地利用も資産の集積も時とともに変化する。被災人口や被害総額の見積もりは，ある仮定を置いた上での計算であり，その仮定が何時まで，どの程度妥当であるかはまた別の話である。

　もちろん被害予想をもとに実施した対策によっても実際の被害は変化する。被害の見積もりは対策を促すためにするものであり，もともと“予言”は外れることこそが好ましい。シミュレーションを分析してきちんとした対策が施されれば，一般には被害は減少することが期待される。

　ところが，稀には対策が裏目にでることもある。たとえば東日本大震災では，岩手県釜石市にあった世界最大水深（63 m）の湾口防波堤が破壊された。31年の歳月をかけて完成したのは東日本大震災のちょうど2年前にあたる2009年3月のことであった。明治三陸津波規模の大津波の被害軽減のために計画されたが，東日本大震災で破損し，津波の到達はハザードマップで想定されていた範囲を大きく超えた（国土交通省，2011）。国土交通省は，破壊されはしたものの津波防波堤があったことで，最大遡上高が低減するなど減災効果が認められたとしている（国土交通省，2011；国土交通省港湾局，2013）が，構造物の設置によって人々の間に安心感が生まれれば，

被害は建造前より大きくなる可能性がある。安心感が人や資産の集積を招くからである。一般に巨額の費用と時間をかけて最新の設備を造れば，安心感を生まないほうが不自然である。もし相変わらず人々が不安におびえて生活をしなければならないのであれば，なんのための工事か分からない。人も資産も集積しない魅力のない土地なら，巨大な設備でわざわざ守る必要もない。

一般に低頻度の災害のリスク評価はそれが低頻度であるからこそ困難を極める。学ぶべき事例が過去にほとんどなく，あったとしても時代や状況が異なりすぎていて利用可能なものが少ないからである。気候変動（温暖

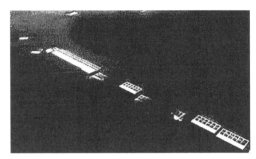

Fig. 2-2　破壊された釜石の湾口防波堤
（google Earth より）

化）によるリスク対応などは歴史上だれも経験したことがない。しかも気候変動を予測するモデルにはしばしばカオス（chaos）が含まれており，細かいことを正確に予測することは理論的にも不可能に近い。

Note：chaos

カオスとは系における少しの振れが時間とともに急激に拡大するような現象である。カオスは「アマゾンでの蝶の羽ばたきが，テキサスでハリケーンを起こす」ような現象と言われるように，因果関係はないではないが（この点がランダムや偶然とは異なる），予測は極めて困難である。地球温暖化を予測するには海洋や大気といった完全でない流体（粘性流体）をモデル化する必要があり，これは2階非線形偏微分方程式[1]に従う。しかも自然界の粘性流体はほとんど乱流状態にあるが，その本質はカオスなのである（Spiegel, 1987）。

1）ナビエ・ストークスの方程式

```
BOX.2-1
```

巨大災害って？

　何をもって「巨大」と表現するかには議論がある。たとえば，1997年にポーランドを襲った水害は，30億ドルという被害金額からみれば"中規模"災害だ。だが，これが当時のポーランドのGDPの3％にも及んだ（日本でいえば東日本大震災級）ことを考えれば巨大災害というべきではないか（OECD，2003）というようなものである。

　1995年の阪神・淡路大震災は，当時，未曾有の巨大災害に思えたが，東日本大震災と福島原子力発電所事故を経験した今ではスケールの違いを感じないわけにはいかない。ちなみに阪神・淡路の被害規模は当時の日本のGDPに対して2％ほどであった。

全体は部分の足し算ではない

　「リスク」は損害の大きさとその発生確率の積によって定義される。これはメディアの影響や移り気で短期的な人々の関心にとらわれず，科学的な意思決定を可能にするものであると述べた。この定義に従うと，たとえばジャンボジェット機の墜落と自動車事故のどちらが多数の死者を出しているのかを，長期的な指標で比較することができる。前者はメディアに大きく取り上げられ何年も人々の心に残る一方，後者は日常のリスクとして見過ごされがちである。つまり，リスクの指標に従えば，低頻度の大きな災害と高頻度の日常災害の死者数を数値で比較することができるため，対策予算の適正配分によって同じ予算でより多くの命を救えることになる。これはこれで一つの"正義"だが，疑問も残る。高頻度の小さな災害と低頻度の巨大災害を同じ指標で比べてもいいのだろうか？

　規模の問題を単純な集計で考えるのは時によっては不適切である。極端な例だが，脳細胞を考えよう。一個の脳細胞（ニューロン）はよくできてはいるが，信号を受け取って出すだけのチップにすぎない。一つだけあっても役に立たないし，少しぐらい死滅したところでほとんど影響はない。だ

が，そのチップが 1,000 億個近く集まると，複雑な思考が可能になり人格まで現れる。脳の記憶システムなども，それぞれの機能を司る部分の集合ではなく，部分は相互作用の単位であり，部分の単純な合計では全体に及ばない（Kim & Baxter, 2001）。

　社会も同様で，一度に大きな損害を被ると社会のネットワーク全体に影響が及ぶ場合があり，小さいリスクの経年の合計とは，それが同じ "Risk"であったとしても意味が異なる。個人の保険にも似たところがあり，多くの人は，一度に大きな支出が降りかかるのを嫌う。それよりは毎月の小さい支出のほうを好むのである。しかし，通常，掛け金の総額は期待利益を下回る（だからこそ民間の保険会社の経営が成り立つ）。重大事故であれば，生涯に一度も合わない確率のほうが高いので保険には意味があるが，生涯に 2-3 回経験してもおかしくない入院などに保険で備えたくなるのはなぜだろう。怪我や病気による入院を経験した人は一度計算してみるといいが，実際には民間の入院保険をかけるより，リスクが顕在化したときに貯金を取り崩すほうが安くつくケースは意外に多い。だが，実際に病気になったときに大きな支出まで降りかかるのは負担であり，精神的な影響まで考えれば特段不合理ともいいきれない。つまり，低頻度の大きなリスクと，高頻度の小さなリスクを同じ指標で比較することは必ずしも適切だとは限らないのである。仮にそれが，長期的にみれば適正な資源配分をもたらしたとしても，である。

長い"しっぽ"の問題

　低頻度巨大災害の厄介なところは，確率分布に"長いしっぽ（Long tail）"が存在することである。カオスほどでないにしても，我々は長い尾のある分布を感覚的にとらえることに慣れていないというのが一点，そして，長い尾のある分布をもつ災害を保険のような仕組みで分散するのは困難であるというのがもう一点の問題である。

　災害の頻度と大きさの関係については，地震に関するグーテンベルク・

リヒターの経験則（Bak, 1996; Gutenberg & Richter, 1994）が知られるが，これによると，発生頻度の対数と地震のマグニチュードがおおむね線形になるという。すなわちFを頻度，Mをマグニチュードとすると，

$$logF = \alpha - \beta M$$

のような形になっている。これを図にするとFig.2-3のような形となる。

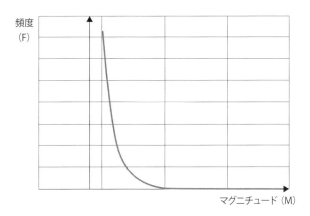

Fig. 2-3　グーテンベルク・リヒターの経験則

　グラフは，マグニチュードが大きいところでは頻度がゼロに張り付いているように見えるが，この関数はフラクタルで，たとえばマグニチュードの1〜3と6〜8をそれぞれ切り取って拡大すると全く同じ形が現れる。つまり，"しっぽ"は長くて，けしてゼロになることはない。

　ところで，地震のマグニチュードはエネルギーの対数関数となっており，マグニチュードが1上がると地震のエネルギーはおおむね30倍になる。そこで頻度を縦軸に，エネルギーを横軸に図を書くとL字はもっと鋭角となり，Fig.2-4のようになる。この絵では軸とグラフがほとんど一体化しているように見えるが，これもフラクタルであり，エネルギーの高い所だけをとって拡大したものと低いところだけをとって拡大したものは相似形となっている。エネルギーの高いところでは頻度はゼロに近づくがゼロにはならない。

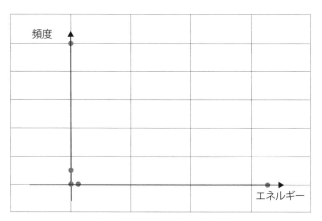
Fig. 2-4　地震の頻度とエネルギー

　このように発生頻度とエネルギーの関係を表す数式がわかっているなら
"不確実"ではなく，対策がしやすいように思われるがそうではない。仮
にエネルギーと損失が比例していたとしても，リスク（＝期待損失）が無限
大に発散するからである。もし，損失がエネルギーの対数に比例するとし
たら，より急速に発散することであろう。一言でいえば，保険のようなリ
スク分散の仕組みの設計ができない。
　保険だけでなく，もし何らかの対策費用を，期待損失を参考にしてコス
ト＝ベネフィットバランス（B/C）で決定しようとすると，無限大の対策
が肯定されることになりかねない。もちろんコストパフォーマンスのよい
対策から実施するのは当然としても，どこまでを想定するのかは期待損失
をもとには決められないということが結論されるのである。頻度の低い巨
大災害が怖いのは，平均，分散といった慣れ親しんだ統計量が役に立たな
いことに加えて，人はゼロリスクと小さいリスクを分けて考えることに慣
れていない，という2点が挙げられるだろう。

ベルヌーイのコイン投げ

　物理学者であり数学者であったダニエル・ベルヌーイには流体力学上の著明な功績とは別に，前述のリスク問題に関係した貢献がある。1738 年にラテン語で書かれた論文で，次のようなコイントスゲームに関するものだ。まず表と裏が同じ確率で出るコインを用意する。これを投げて表が出たら，たとえば100 円，2 回投げて続けて表が出たら追加で 200 円，3 回続けて表なら追加で400 円という風に賞金は指数関数的に増加するとする。表が出続ける限りゲームは無限に続けられるとする。このゲームへの参加費が 100 万円ならあなたは参加しますか？ といったものだ。このゲームの期待利得は各賞金の金額と確率の積の総和である。すなわち

$$期待利益 = \sum_{n=1}^{\infty} \left(\frac{1}{2}\right)^n \times 100 \times 2^n$$
$$= \infty$$

であり，参加費 100 万円では安すぎる。これは賞金だが罰金だったとしたら，あるいは災害の損失なら，いくらまで払ってリスク対策をするのかという話になる。酒井（2006）は社会人向けの理論研修で上記の実験を持ち出し，ゲームの「価値」と等しい参加費を聞いたところ，参加者 30 人中，13 人が 5 万円と答え，これが最多，8 万円以上はゼロであったという（ただし，賞金の単位は百円ではなく万円）。なぜ 5 〜 6 万円程度かと聞いたところ，「表が 6 回以上，続けて出ることは想像できない」という回答が返ってきたという。たしかに，ゲームが 5 回までであれば，期待利得は 5 万円であり，プラスアルファがあるとすれば 5 万円なら少しは買い得かもしれない。しかし，6 回連続で表が出る確率は 64 分の 1 であり，100 人程度のクラス全員でゲームをすれば一人くらいはくじにあたることが期待されよう。つまり「想像できない」確率ともいえない。

　このコイン投げの理論は経済学では期待効用仮説につながっていくのだが，そもそも人間は小さい確率を事実上ゼロだと考えるのではないか，という仮説のほうが行動経済学でいう "ヒューマン" 的ではないかと思う。

インドの王とチェスの盤

　指数関数的な増加については，もっと直感的なエピソードがいくつかある。インドの王が，褒美として何が良いかと聞いた際にチェスの原型にあたるゲームの盤（64マス）の目の最初の1マス目に1粒の穀物，2マス目に2粒，3マス目に4粒というように倍倍にして下さいと願いでたものを快諾したという話である。穀物の粒は全部合わせてもそれほど多くなる印象ではないかもしれないが，粒は全部で

$$全部の粒 = \sum_{n=1}^{64} 2^{n-1} \cong 1.8 \times 10^{19}$$

となる。米の場合，1kgが5万粒ほどだとすると3.7×10^{11} t = 3.7千億tである。令和の日本のコメの一年間の生産量がだいたい800万tほどなので，46000年分にあたる。他にも厚さ0.1mmの紙を42回折れば，その厚さは月に届くほどになる，というものもある。

太いしっぽも困る

　ここまで議論した「尾」は細くて長い。尾が細いのはそれだけ頻度が低いことを意味している。巨大災害でもめったに起きなければ，人はそれなりには平和に暮らしていける。楽観的なのはそれほど悪いことでもないのだ。低頻度のリスクは管理が難しいと述べたが，もし巨大災害のしっぽが太かったらそれこそ大変である。地震の頻度とマグニチュードの関係は，場所によってやや異なることはあっても，人間の人生という程度のタイムスパンで定点観測した場合はそれほど大きな差はないと考えられる。だが水害はどうだろうか。巨大水害の頻度は今後じわじわと上がっていく可能性がある。温暖化ガスの蓄積による気候変動の影響が顕在化してくるからである。これが，本書の後半部分で特に水害を取り上げた理由である。

　水害を論じるもう一つの理由は，対策がリスクを低頻度巨大化させる可能性が低くはないからである。このことについても，Ⅱ章で詳しく扱うが，

人は低確率のものを"事実上ゼロ"と考えるためか，しばしば破綻を先延ばしにするような対策を好むのである。リスクが変わらないのであれば，延ばせるだけ延ばすのが正解だが，延ばすと大きく育つのであれば話は別である。

　さて，ここではもう少ししっぽの議論を続けることにする。前述のようなベキ分布に比べると扱いやすいのだが，やはりしっぽがある分布に対数正規分布（log-normal distribution）がある。これは変数の対数が正規分布に従う分布で，典型的には Fig. 2-5 のような形をしている。

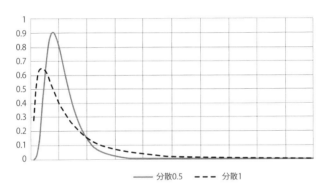

Fig. 2-5　対数正規分布

　点線と実線は分散が異なっており，点線のほうが，分散が大きい分布になっている。対数正規分布の特徴は最頻値の山が高く右側に長い尾がつくことである。分散の度合いにもよるが，尾は思ったよりは太い。このような分布は社会にも自然界に時々見られるものである。社会の例でいえば，人の体重や年収などがこのような分布になる。

　実際の現象が対数正規分布に数学的に正確に従うかどうかは別として，長い尾のある分布があるということを頭にいれておくことは，リスクを考える際に重要である。たとえば，ある種の薬物への反応を考える時に，多くの人は何の影響もないか，ほんの少し影響があるだけだが，大きな影響を受ける人が思ったよりは大きな割合で存在するという具合である。これ

を分散の小さい正規分布だと誤認すると，社会全体でのリスクは想定より
かなり大きくなってしまう。

　化学物質のリスクにしても災害にしても，同じ強さの危険であっても，
受ける側の人間は多様である。年齢，性別，持病の有無，経済状況，住ん
でいる場所やネットワークなど様々な状況がある。これを災害の強さとそ
の確率という単純化された指標で見ようとすると，リスクが集中する弱者
を見落としたり，リスクを過小評価したり，時に誤解を与えるメッセー
ジを出してしまったりすることがある。池田（2011）は特に低頻度・巨大
災害型事象について，これを受ける「住民」は「乳幼児・子供を持つ世帯，
病人・被介護者を持つ家庭，ペット同伴 家族，畜産農家，等」（p.223）多
様なストーリーをもつとして，これを「住民一般」としてひとくくりにす
ることは適切でないと論じているが，リスク低減策というのはこうした社
会の様々な人や状況に関する注意深い観察と理解が欠かせないものなので
ある。

複合災害

　多くの巨大災害は様々な形の 2 次的，3 次的災害を引き起こす。たとえ
ば，東日本大震災の際は地震が津波を引き起こし，津波が原子力発電所の
事故を引き起こした。放射性物質が漏洩し，健康被害が懸念され，また風
評被害も発生した。津波で大量のがれきが流出し，一部は海洋プラスティ
ックゴミとなって海を汚染し，一部は遠くアメリカやカナダの海岸まで到
達した（村松ら，2013）。サプライチェーンを寸断された製造業は生産の再開
が遅れ，都市部では計画停電で通勤などに影響が出た。またおよそ 17 兆
円といわれる被害（内閣府，2016）の復旧・復興のため，10 年超におよぶ増
税が実施された。避難で移転を余儀なくされた高齢者施設ではストレスな
どで多数の人が亡くなり（Nomura et al., 2013），遠方に避難した子どもたちの
何人かは虐めの被害にあった（NHK, 2017）。原子力発電所の事故をうけて
火力発電の重要性が増し，一時的に温暖化ガス削減にブレーキがかかった。

その上義援金の振り込みが原因とみられる大量のトランザクションで，みずほ銀行が大規模なシステムトラブルを起こした……等々，大きいものから小さいものまで含めれば，多くの異なる性格をもつ被害がドミノ式に発生したのである。都市銀行のオンラインシステムが停止するなど，平時であれば大きなニュースになるはずの事だが，他の被害が大きすぎて，記憶にない人も多いのではないか。

　およそ大規模な災害は予想もできないようなものも含めて副次的な災害を多数発生させる。これを同時に，時には優先順位をつけて早期に復旧しなければならない。時間がかかれば次なる問題の引き金を引きかねない。このような災害を複合災害（Complex disaster）と呼ぶ。大規模災害の被害構造が複雑なのは，社会そのものが複雑であることに起因している。つまり，今後ますます社会が複雑化すれば，災害もまた複雑化しうる。

　前述したが，福島の原子力発電所のように，自然災害が引き金になっておこる技術災害は Natech（Natural hazard triggered technological）災害と呼ばれている。高度な技術の利用には高度な専門性が必要で，様々なトラブルの多くは，そういった専門家によってある程度は想定されている。だが，そういった技術災害の専門家と，自然災害の専門家は別であり，あまり接点がないのが普通である。一つの専門家集団の中では共有されている知識が，別の専門家にとっては全く未知であることもよくある。自分たちが当たり前だと思っている基本的な知識が，所属集団の中でしか共有されていない場合があるのだ。これは危険なことだが，集団の中にいると気づきにくい。複合災害，あるいは Natech 災害と名前をつけて分類したところで，直ちに有効な手段が示せるわけではないが，こうすることで，その現象に興味をもつ様々な人が，分野を超えて集まり，勉強会を開くきっかけにはなる。こうした地道なコミュニケーションが，複雑化する社会のリスク低減の一助になると考えている。

「想定外」と「直ちに」

　3.11 のときに「想定外」という言葉が流行（？）した。この言葉は，一般に使われる場合と技術者が使う場合では意味がやや異なっている。一般の我々は，「想定外」を「ありえない」あるいは「考えてもみなかった」と同義に使う場合があるが，技術者は意味通りに「想定している水準を超えた」という意味で使う（池田，2011）。たとえば，エレベーターの定員が 7 名とあれば，想定されているのは 7 名の標準的な体重と荷物などを合わせた重さに安全係数をかけたものが「想定」となる。8 名の人間が鉛の詰まった鞄を持って乗るのは想定外だ。防潮堤の建設でも，航空機の設計でも，ある想定をしなければとりかかれない。つまり，技術的には「想定」と「想定外」は，共にあって当たり前のことなのである。

　同じころ「直ちに影響はない」という政府の説明に国民から「なら長期的な影響はあるのか」という疑問が投げかけられた。おそらく意図されたのは「これをもって直ちに〇〇とは言えない」であり，「この情報だけでは〇〇とは言えない」と同義であったと思われる。つまり「直ちに」には時間軸の概念は入っておらず，「直ちに影響はない」は「長期的な影響がある」の婉曲表現として使われるわけではない。

因果図（Causal Structure）

　リスクは，なにかイベント，例えば地震や感染症による最終的に避けるべき何かを「エンドポイント」とする。被害は人の死や健康被害，あるいは経済被害や生態系への影響などである。複合災害に限らず，最初のイベントからエンドポイントまではいくつかのステップがある。洪水の場合の一例を挙げれば Fig. 2-6 のような形になる。

Fig.2-6　Causal Structure

実際には，大雨から家屋の浸水に至る前に，河川の氾濫などの box が入り，また家屋の浸水から人的被害に至るまでには，自宅での被害の他に避難所に向かう途中で亡くなるなどの分岐があるなどもっと複雑である。

自然災害ではなく，技術災害の場合は，社会のニーズを入り口として書くことがある。たとえば水俣病の場合であれば Fig. 2-7 のようになる。

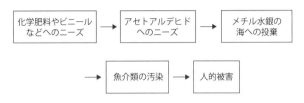

Fig. 2-7　水俣病の Causal Structure

水俣病は新日本窒素肥料（現チッソ）が無処理で海洋投棄した有機水銀を原因とした公害病である。新日本窒素肥料の水俣工場は，戦後の食糧難を背景にした化学肥料や，ビニールやプラスチック類などの有機化学製品を生産していた。その原料であるアセトアルデヒド生産の過程で生成されるのが有機水銀である。この有機水銀が海洋に投棄され，魚の脂質に蓄積，生物濃縮され，それを食べた人が「水俣病」と呼ばれる有機水銀中毒になり多大な人的被害が発生した。

因果図を書く目的はいくつかあるが，最大の目的はどのような対策がどこで可能かを可視化することである。原因と結果を結ぶ線をどこかで断ち切れば入口と出口はつながらない。たとえば，チッソが有機水銀を海洋投棄すべきではなかった，というのが最も妥当な対策ではあるのだが，水俣病を避けるという目的を迅速に達成するなら，魚を食べない（暴露経路を断つ）という方法もある。あるいは，今になってみれば肥料は合成の化学肥料ではなく，鶏糞などを使った有機肥の使用や豆類の根粒細菌の活用などの方法もあったのかもしれない。このようなリンクを切る手段（intervention）がリスクの「対策」ということになる。

対策の話は次章で詳しく論じるが，複合災害の問題は，因果図がこのよ

うなシンプルな形にはならないということである。東日本大震災直後に筆者が書いた因果図はこのようなものだ（Fig. 2-8）。

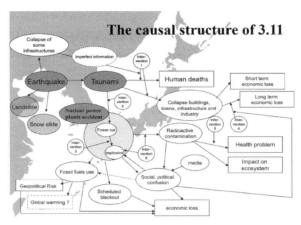

Fig. 2-8　東日本大震災の因果図

　もちろん，もっと見やすい絵を描いた研究者はいくらもいるし，現実はさらに複雑であろう。

　複合災害は「カスケード型」と呼ばれることがあるが，個人的には「カスケード」という言葉は，上流から下流への因果関係がすっきりしている印象をもつ。実際の大規模複合災害は，カスケードという言葉の印象以上に複雑なもののように思える。大規模災害が引き金を引く，複合リスクは予想も対応も難しい。それが実際に目の前で起きると，その難しさは時間の制約もあり倍増する。巨大災害に備えるための重要な教訓は，「リスクは平時から考えておく」である。

Fig. 2-9 messy management/messy response

突然巨大な複合災害に直面すると，政府も社会も大きな混乱に陥る。間違いや無駄も多く発生し，しかも場合によっては記録が残らず，政策の事後評価さえなされない。

---

3. システミック・リスク (Systemic Risk)

システミック・リスクの概念

　複合リスクとよく似た概念に「システミック・リスク」がある。システミック・リスクという言葉は，これまで主に金融界におけるリスクを中心に使われてきた。2008 年のリーマンショックをきっかけに，より多くの人が金融危機に関連する概念としてシステミック・リスクという言葉を使用するようになったが，それ以前にも数多くの論考がなされている。Kaufman（2000）は，システミック・リスクを金融セクター特有の問題であるとして，「危機の原因として金融セクターを他のほとんどのセクターと区別しているように見えるのは，ショックの伝達の突然性と潜在的な影響の広さである」，「実際，自動車，コンピューター，輸送，農業（食品）など，他のほとんどの非金融セクターでは，コンタジオンやシステミック・リスクに対する恐怖心はほとんどないように見える」（p.13）と述べている。Kaufman & Scott（2003）は，システミック・リスクには明確に定

義されていないとしながら，その特徴を「個々の部品の故障ではなく，システム全体のブレークダウンのリスクであり，すべて，あるいはほとんどすべての部品の協動（co-movement）によって示される」としている。また Fouque & Langsam（2013）は，これを"広く受け入れられた定義はないが一時的"と前置きした上で「システミック・リスクとは，資本の流れを促進する市場の能力が崩壊し，その結果，世界の GDP の成長率が低下するリスクである」とシステミック・リスクを定義している。

　同じ年の欧州中央銀行のワーキングペーパーは，「強い意味でのシステミック・イベントを経験するリスク。原則として，システミック・リスクのスペクトルは，単一の機関や市場に対する二次的な影響から，上限の金融システムの大部分に影響を及ぼすシステミック・クライシスのリスクまで多岐にわたる。システミック・リスクの地理的範囲は，地域的，国内的，国際的である」（DeBandt & Hartmann, 2000）と，システミック・リスクはリーマンショックによる大規模金融危機にその典型をみる大規模なものだけでなく，様々なスケールがあるとしている。つまり，システミック・リスクとは明確な定義自体が難しいようなリスク，と言えよう。実際にリーマンショックや小規模でもそれに類似した事例を目にせずに，これらの定義や記述だけでシステミック・リスクをイメージするのは難しい。Renn ら（2020）は「車は重要な部品が一つ壊れただけで動かなくなるが，それはシステミック・リスクとはいわないだろう」と Kaufman & Scott を批判している。たしかにラジエーターが故障するとエンジンルームから煙がでて走行できなくなるが，部品を交換すればすむ。これは伝播し，拡大するシステミック・リスクのイメージとは異なっている。

　システミック・リスクが主に金融分野におけるリスクと関連して議論されてきたのは，金融分野では他の産業分野に先駆けて，コンピューターシステムを利用し，またそのコンピューターがネットワークを通じて相互に依存した構造となっていたためだと考えられる。現在ではより多くの産業がシステムに依存し，巨大データベースや AI の利用などが様々な分野で拡大している。したがって，今日，システミック・リスクの可能性は金融

分野に限らず，異なる分野にも拡大していると見るべきであろう。

　ところでシステミック・リスクの「システム」は，コンピューターシステムやそのネットワークだけに限定した概念ではない。先の欧州中央銀行のワーキングペーパーでは"システム"について「その中で人間の感情，政治，インセンティブへの反応が重要な役割を果たすもの」としているのだが，システムは人間活動にかかわるあらゆる「仕組み」あるいは「構造」であり，人間系のネットワークを含む概念と広く捉えるべきものと考えられる。

Note：ecosystem

　システムを「人間活動にかかわるすべての仕組み」と述べたが，人間社会だけではなく，生態系も一つのシステムである。Commoner（1971）は「すべてのものは他のすべてのものとつながっている（Everything is connected to everything else）」を「エコロジーの第一法則」であるとしたが，複雑なつながりをもつネットワーク構造こそシステムの本質である。これは必ずしも脆弱を意味するものではない。

金融以外の分野で

　リスク学の分野ではシステミック・リスクを金融分野だけに限定しない。従来型のリスク評価，リスク管理では太刀打ちできない，高度に複雑で不確実性の高いリスクをシステミック・リスクと呼ぶ。OECD（2003）のシステミック・リスクに関するアジェンダは，こういったリスクに従来の知見だけに基づく対応をすると悪い意味での"サプライズ"に直面する頻度が高くなるだろうと警告している。Renn らはシステミック・リスクの特徴として，

　・高度に複雑であること
　・高度の不確実性があること
　・曖昧さがあること
　・起源のシステム以外の他のシステムへの波及効果があること
を挙げている（Klinke & Renn, 2006; Renn et al., 2020）。

第一の「高度な複雑性」とは，因果関係が直線的ではなく，正・負のフィードバック（後述）が存在したり，影響が出るまでの時間が長すぎたり短すぎたりすることなどから，何が原因で何が起こっているのかが見えにくいということである。古典的なリスクでは直線的な因果図，たとえば，長期保存可能な食糧への需要 → 食品への保存料の添加 → 健康リスクなどを想定し，この矢印（リンク）をどのような形で切るのがよいか，代替案はなにか等，因果図の中にあるリスク低減策をすべて挙げ，そのなかから費用効果の高いものから実施するという発想でリスク管理を考えていた。しかし，システミック・リスクの場合は，そもそもこの因果関係を事前に考えるのが困難であるということである。

　第二の「不確実性」は，システミック・リスクに限らず，あらゆるリスク評価についてまわる。標本が正規分布に従う場合であっても，ある一つの試行で出現する実際の値は分からない。分かっているのは，平均と分散と取りうる値が出る確率だけである。また，データ不足で分からない場合や，気候変動の影響のようにカオスを含む場合など，不確実性には様々なものがある。システミック・リスクの不確実性はこれまでの概念では，扱いきれないレベルの不確実性ということになる。不確実性は，伝播先やその影響の大きさだけでなく，伝播の速さにも現れる。それは時に相転移（phase transition）ともいえる速さで変化することもあるし，忘れたころに現れる場合もある。

Note：不確実性と不確定性 ————————————————

　「不確かさ」はリスクを考える上で本質的な概念であるが，その特徴によって少なくとも二つに分類することができる。たとえば気候変動の進行状況やその影響などは非常に大きな不確かさを含むリスクと言われるが，その中には知見の蓄積で，ある程度解明が期待できるものもある。だが，前述のように流体の動きにはカオスが含まれており，カオス的な動きを正確に予想することは理論的にできない。不確かさには原理的に科学的知見の蓄積で解決し得るものとそうでないものがあるが，前者を不確実性（Uncertainty），後者を不確定性（Variability）と呼んで，両者を区別することがある。サイコロの目は，1から6

までの数字が各1/6の確率で出ることはわかっていても，次に何が出るかは，ど
れだけ科学が進歩しても分からない。このようなものは不確定性に分類される。

第三の「曖昧さ（ambiguity）」は技術的あるいは科学的な不確実性ではな
く，価値観，あるいは形而上の問題にかかわる評価を指している（Renn
& Klinke, 2004）。同じ現象であっても，人によってその社会的あるいは道徳
的意味は異なっており，これがマネージメント方針に大きくかかわる。た
とえば，COVID-19は世界中で多数の死者を出したが，死亡率が特に高い
のは高齢者であった。これを受けて日本の，特にネット上の書き込みなど
には「コロナでの死者の平均年齢は平均寿命とそれほど変わらない」（＝
したがって，積極的な対策をする必要はない）という意見が星の数ほど見られた。
これは不謹慎な意見ではあるが，初期のスウェーデンでは，実際に高齢者
には積極的治療は行わないなどの方針がとられていた。一方で，「高齢者
と一括りにできるものではない。一人ひとりに人生があり歴史があり，家
族があった」（＝したがって，年齢で区別するのは不適切）とする意見も見られ
た。つまり，与えられるデータは同じでも，価値観により求めるマネージ
メント方針が異なってくる。

この価値観の違いは，本来形而下の問題であるはずの，科学的評価やデー
タそのものの取り方の問題にまで及ぶ場合があり，注意が必要である。
リスク学では，管理方針がリスク評価に与える影響をなるべく排除するよ
う求めている。そうでないと，判断材料そのものが歪められ，異なる価
値観をもつ人同士のコミュニケーションが妨げられるからである。Renn
（1992）は，システミック・リスクに限らず，リスク評価上の論争は，掘り
下げてみれば価値観の違いに起因していることがよくあると述べている。

第四の「波及効果」はシステミック・リスクに特に顕著にみられる特徴
の一つであろう。大規模災害のところでも述べたが，最初のイベントから
2次的，3次的と影響が波及的，あるいはカスケード的に広がり，とんで
もないところにも影響が及ぶことがある。2007年に米国で起きたサブプ
ライム・ローンの不良債権化は金融部門だけではなく，実体経済にまで及

び，深刻な経済危機をもたらした。米国国内の消費者マインドは 2009 年に統計開始以来最低の水準を更新し，自動車販売なども歴史的低水準に落ち込んだ（内閣府, 2009）。また影響は米国内にとどまらず，広く世界中に及ぶこととなった。

　システミック・リスクの被害は副次的に拡大した被害のほうが，発端となったイベントによる被害より深刻なこともよくある。また，もともと何らかの問題があったところに，とどめを刺す形で影響が出る場合もあり，その評価は大変困難なものとなる。

BOX.3-1

「とんとん拍子」

　一つの出来事が引き金となり，つぎつぎと副次的に予想もしないリスクが広がるのは厄介で予想が難しい。こんな複合災害で思い出す小説がある。星新一の「とんとん拍子」(1974) だ。ある青年が神社のおみくじで大凶を引く。気に病みながら帰ると，たまたま川沿いでスーツのボタンがとれて川に落ち，水面手前の石垣の出っ張りに引っかかる。普通ならあきらめるのだが「大凶」が気になり，ボタンを拾わないと悪いことが起こるような気がして手を伸ばす。ところが，屈んだとたんにスーツの内ポケットに入っていた月給袋が川に落ちる。こうなるとボタンどころではなく，男は川に入って金を回収しようとする。ところが，川が思ったより深くて溺れそうになる。命からがら這い上がるが濡れた服のせいで風邪をひく。カネがなくなってしまったので月給の前借をしようと風邪の中，無理に会社に行く。案の定，仕事で失敗する。当然前借も断られる。熱のせいで頭がふらつき，会社の階段から落ちて怪我をする。金がなくて食事もできず，怪我が痛くて一睡もできず免疫力が低下していく。その結果，風邪が大病に発展し……。

システムとフィードバック・ループ

　フィードバック・ループの概念は，システム自体に内在しており，リスクの評価上，重要な概念である。これは本質的には前節でみた指数関数を

もたらすものであり，特段災害やリスクに限らず自然界のいたるところに存在するものである。問題はこれをとらえる人間の側にあり，指数関数的変化をリニア（直線的）な変化のように感じることがしばしば問題を深刻化させる。

　フィードバック・ループにはポジティブ（正），とネガティブ（負）がある。正と負は数的な符合（＋）と（－）に対応しており，倫理的あるいは感覚的な良し悪しとは無関係なので注意が必要である。

　「ポジティブ・フィードバック（正のフィードバック）」とは，本体の大きさまたは量が増加したら，増加分も増加するフィードバックのことである。つまり，

$$\Delta Y \;=\; aY \qquad \cdots\cdots\cdots ①$$

において，aが正（ポジティブ）であり，一般に事態を加速させるフィードバックを指す。進行方向が悪い方向であれば，加速度的に破綻をもたらす負のスパイラルとなる。たとえば気候変動の例でいうと，温暖化が進むと海水温が上昇し，海水中に溶けていた温暖化ガスが大気中に放出される。気体（たとえば二酸化炭素）の溶解度は溶媒（ここでは海水）の温度が上がるほど小さくなるためである。そして溶け出した温暖化ガスが空気中に放出され，ますます温暖化が進む。ますます温暖化が進むとますますガスが放出され……と破綻に向かう螺旋階段を駆け下りることになる。これが正のフィードバックである。

　「ネガティブ・フィードバック（負のフィードバック）」とは，ポジティブ・フィードバックとは逆に本体の大きさまたは量が増加したら，増加分が減少するフィードバックである。つまり等式①のaが負（ネガティブ）であり，変化に対して働く力は，足を引っ張る方向に働く。ちょうど，水平面上で中心が固定されているバネの先についた錘の動きと同じである。中心をゼロとすると錘の加速度方向は常にゼロに向かうため，錘が中心から離れれば離れるほど，反対方向にひっぱる力が大きく働く。すなわち安定あるいは振動をもたらすフィードバックが負のフィードバックである。再

び温暖化の例でいうと，大気中の二酸化炭素が増えると，植物が二酸化炭素を固定する動きがやや早くなる。つまり，二酸化炭素増加を受けてこれを少しだけ反対の方向に引っ張る働きをする。これが負のフィードバックである。海も，あるレベルまでは負のフィードバック・ループをまわす。水温が一定であれば大気中の二酸化炭素分圧が上がれば上がるほど海に溶ける二酸化炭素は増える。つまり，大気中の二酸化炭素濃度を下げる方向に働く。これが莫大な "missing-CO_2" の行方であろうと考えられている。missing-CO_2 とは，実際に人類が排出している CO_2 に比べて，大気中の CO_2 が増えておらず，"あるはずなのにどこかにいってしまった CO_2" を意味する言葉である。今のところ負のフィードバック・ループを提供している海が，海水温の上昇とともに正に転じたときこそが，破局の始まりとなるかもしれない。つまりこれが絶対に超えてはならない "limit" ということである。

　ポジティブ・フィードバックの脅威を最初に広く世界に警告したのはローマクラブの成長の限界（Meadows et al., 1972）であろう。彼らはポジティブ・フィーバックループについて「しばし『悪循環』と呼ばれている」としながら，次のような趣旨の絵を描いて説明している（Fig.3-1）。

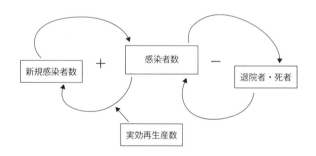

Fig.3-1　フィードバック・ループ

　ローマクラブの対象は人口や預金率であり，「悪循環」かどうかの判断は人によるので，ここでは感染症の感染者数とする。実効再生産数が同じ

なら，感染者が多いほど新規感染者も多い。今いる感染者数が1の地域と100の地域を比べると，新規に感染する人の数も1対100となる。これは実効再生産数がゼロより大きい場合であり，1より大きい必要はない。実効再生産数が1を割ると，感染者数が減るのは，一方にネガティブ・フィードバックが働くからである。感染者は一定時間がたつと回復するか死亡するかのいずれかにより，100％が感染者ではなくなる。ここは温暖化ガスの蓄積とは異なる点である。死者数や回復者数は患者の数に比例し，それぞれ元の感染者数を減らすため，負のフィードバックとなる。長期的には100％（＝1）が感染者ではなくなるため，実効再生産数が1を上回らない限り患者はいずれ減少することになる。ただ，実効再生産数が1を割っても回復まで長い時間がかかるとすると，ストックとしての患者数が減るまでにタイムラグが発生する。

「成長の限界」は，世界に大きな衝撃をあたえた一方，それまで「限界」という概念を持たなかった経済学などの分野からは猛攻撃を受けた。「要はマルサスだ」というのが反論の骨子である。また，当時最新の計算機の性能は今日では誰もが持っている小型のPCにも及ばないため，シンプル過ぎるモデルであることも反論をよびよせたと思われる。だが，Meadowsらの"システム"に関する理解の深さは今日なお新しい。システムの構造は多くの循環やフィードバックや関連が複雑に絡み合っており，ときに時間の遅れを含む。山が高いほど谷も深くなり，オーバーシュート現象も詳しく記述されている。著者らはシステムの「構造」について「しばしば個々の構成要素自体とまったく同じように重要だ」と述べているが，この「構造」への理解こそがシステミック・リスクの理解と対策に重要である。個々の構成要素の変化と二つの構成要素間の伝播一つ一つはよく知られているものであっても，複雑に絡み合った相互作用を通じて，あるとき突然"相転移"のような変化を起こすのである。

4. 新興のリスク *(Emerging risk)*

新しいタイプのリスク

　新興のリスクとは，今まさに直面しつつある新しいタイプのリスクに加え，近いうちに顕在化するであろうリスクのことである。リスクは顕在化する前に，つまり平時のうちに考えておくことが重要で，この意味では折に触れて Emerging リスクについて話し合うことは有益である。

　まず，過去半世紀の間に自然災害以外で世界が新たに直面した大きなリスクを考えると，テロ，リーマンショック，感染症，BSE などの家畜伝染病，原子力発電所事故，いくつかの野生生物の絶滅，気候変動あたりが思い浮かぶ。いずれも，管理が確立されたものとはいえず，次の半世紀にも我々を悩ませ続けることであろう。さらに最近は，サイバーテロ，海洋プラスティックゴミの問題などが加わっている。

　新興といっても，50-100 年程度のタイムスパンでいうと全く予想もしなかったものはそう多くはない。時代の変化にはトレンドがあるからである。たとえば，2019 年の COVID–19 パンデミックはその広がりの規模こそ大きかったが，全くの驚きであったわけではない。OECD（2003）の 21 世紀のアジェンダでは感染症拡大の可能性が指摘されている。HIV，結核，マラリア，インフルエンザなどの感染症が 20 世紀の "biggest killer" であったとし，21 世紀においては，人口の増大，都市部への人口集中，ツーリズムによる人の移動の拡大，などのトレンドにより，更なるリスク増大の可能性があると論じているがこれは 20 年近く前の予見である。国際復興開発銀行（IBRD）は COVID–19 パンデミックの発生の 2 年前に「風邪，コロナウイルス等による世界的パンデミック（WW Pandemic, Flu & Coronavirus）」をトリガーとした Cat 債（パンデミック債）を発行している。2020 年 7 月に満期を迎える予定であったこのボンドは同年 5 月にトリガーが発動し，IBRD は感染症対策のための資金調達に成功している。つま

り，世界規模のパンデミックは全くの予想外の出来事ではなかった。

　これに対して，人為的な温暖化ガスの排出による気候変動とその影響は，これまで人類が経験したことのない新しいリスクである。温暖化・寒冷化は地球が過去に繰り返し経験しているが，人間が発生させた温暖化ガスによって地球環境が大きく影響を受けるというのは未経験である。オゾンホールの問題とは類似点もあるが，問題の規模も対策の難しさも大きく異なっている。さて，新しいリスクは，イベントそのものではなく，それを受ける側の社会の変化によって起こることもある。たとえば同じ水害の危険であっても，高齢化が進行すれば，避難困難などの問題が深刻化する。コンピューターのトラブルは当然あると予想されているものだが，ネットワークで世界が結ばれた結果，おもわぬところで影響が拡大し，システミック・リスクの様相を呈する。

　一方，科学や技術の進歩はこれまで大きな脅威だったものをありふれた事象に変えていくこともある。たとえば，かつて交通事故は日本では毎年1万人以上の死者を出す巨大リスクであった。交通戦争と呼ばれ，著名な経済学者がその社会的費用を見積もり，社会に警告を発したこともあった。だが，今日ではそれほど大きな脅威だとはとらえられていない。自動運転の普及によりさらに劇的に減少することも期待されている。新しいリスクを予見し，備えるためにはこうした社会の変化を観察し，トレンドを捉え，きっかけとなる危険（Hazard）のみならず，その事象に対する耐性，あるいは脆弱性（Vulnerability）また影響を受けた時の回復力（Resiliency）など多面的な評価が必要となる。

　先のOECDのアジェンダが書かれた当時，リスクを発生させる，あるいは変化/加速させる社会あるいは環境の要因として，先の人口の変化と都市部への集中の他に次のようなものが挙げられている。

　・科学と技術の進歩が続く

　・温暖化が進行する

　・ハイテク部門など一部のセクターに経済が集中し，国内でも国家間でも格差が進む

・人，モノやサービス，資本，情報がますます動き回り，リスクが複雑
　　　化する
などである。

　人口については近年特に先進国で増加率の減少から停滞にシフトしてい
るが，低開発国ではしばらくは増加が続くとみられている。これは森林伐
採や農薬の使用，などを通じて自然環境に一層の圧力をかける可能性があ
り，また温暖化を加速する一つの要因となり得る。環境破壊が進めば，少
なくとも一時的には野生生物の生息域を侵すことによって，それらの生物
と人類との接点が大きくなり，新たな感染症発生をもたらすかもしれない。
　科学技術の進歩は，多くの問題を解決する一方，問題を複雑化させ，あ
るいは一つの問題を別の次元に移すこともある。原発事故や海洋プラス
チックごみのように，科学技術がなければ発生し得なかったリスクもある。
科学の力は人類にとって極めて魅力的である。実際科学技術は，これまで
多くの問題を解決に導いてきた。しかし，ともするとその魅力は，「基本」
を侮る力になり得る。たとえば，洪水からは逃げれば助かるが，堤防やダ
ムが整備されると「逃げる」という選択肢が過小評価されかねない。感染
症でも，検査と隔離，マスク着用という基本よりはワクチンのほうがはる
かに魅力的に見える。実際，天然痘はワクチンで撲滅できた。だが，天然
痘と違い変異し続ける COVID-19 では，2021 年夏現在のイスラエルのよ
うに，ワクチン接種が進んでもなお感染拡大に悩む国がある一方，ワクチ
ン接種をしつつも基本に忠実であった中国は経済が回復している。新しい
科学や技術に頼り切るのは，高血圧を降圧剤のみにたよって改善しようと
するようなものかもしれない。減塩と軽い運動という"基本"も合わせて
実行しなければ，効果は半減しようというものだ。
　人，モノ，サービスの動きがグローバル化し，世界が狭くなったことは，
一方で効率性が大きく上がり，経済的な恩恵を多くの国にもたらしてい
る。しかし，災害時のサプライチェーンの寸断のように，少なくとも短期
的な脆弱性が増したことも事実である。たとえば，2021 年 8-9 月にトヨタ，
ダイハツなど日本の自動車会社は生産ラインの一部停止を余儀なくされて

いるが，これは東南アジアで COVID-19 の感染が拡大し，部品の供給に支障が生じているためである。災害や感染症はこうした脆弱性を改めて浮き彫りにする。事故や自然災害など短期のものであればこれまでも経験しているが，いつ収まるか予想がつかない感染症のインパクトは，さらに副次的な影響が出ることも考えられるなど，これまでと違ったものとなる可能性もある。

　変化し続ける世界において，リスクも，その管理方針も常に新しくなるのだろう。できるだけ，変化の兆しが見えた段階で，平時のうちに，せめて考えておくことを提案したい。

BOX.4-1

学生アンケート
日本にとって何が大きなリスクですか？

　新入生に「日本にとって何が大きなリスクか」を聞いてみた。筆者はアメリカの大学院のクラスで同じ質問を受けたことがある。アメリカの大学院のクラスは多国籍で様々な国から学生が集まっているが，インドからきたある学生が"hunger"（飢餓）と答えたことが忘れられないでいる。1995年の話である。では，同じ質問に21世紀の日本の学生はどう答えるのだろうか？　下のグラフが結果である。

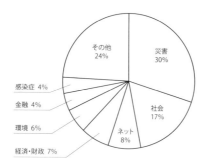

Fig.4-1　日本にとってのリスクは？

（回答者100名，大学1年生，重複回答なし2020年1月）

　まとまった回答で最多であったのは災害であり，うち半数が「震災」と具体的に地震のリスクを挙げた。「社会」のカテゴリーのうち2/3は「少子高齢化」で，その他は「貧困」，「格差拡大」，「移民難民の問題」，「ジェンダー・差別」などであった。「経済・財政」のカテゴリーでは景気の悪化のほか，「赤字国債の増加」，また「年金が貰えなくなるリスク」と答えた学生もいた。「ネット」のカテゴリーには新しいリスクの存在が指摘されている。「情報の漏洩」，「ネット依存」などである。「環境」のカテゴリーには温暖化，海洋プラスティックゴミが入っているが，環境関連のリスクを書いた学生は残念ながら少数派であった。感染症はこの段階では少数派だが，今は少し増えていると思われる。

　「その他」が多いのは実に様々な少数意見があったためだ。この中には，「先

端技術開発の遅れ」,「人材の流出」,「学力低下」などが含まれている。人材の流出,と言えるかどうかは分からないが,2021年8月,ノーベル賞候補ともいわれている藤嶋昭教授が,上海理工大に移籍したというニュースには衝撃を受けた。藤島教授は多くの可能性を秘める先端技術である「光触媒」を発見した研究者であるが,教授単身ではなく,開発チームごと中国に移籍されたのである。理由はもちろん,日本の学術軽視と開発環境の貧困さであろう。光触媒の潜在市場は計り知れないのだが,このような超優秀な人材が流出するようで日本は大丈夫なのだろうか？ 先端産業から足を洗って,"お・も・て・な・し"に特化して生きていくのか？この "リスク" について1年以上も前に指摘してくれた学生君,どうもありがとう。

［Ⅰの参考文献］

Bak, P., 1996, *How nature works*, NY. USA: Springer

Commoner, B., 1971, *Closing Circle*, knopf, Inc, NY, USA.

De Bandt, O. P., Hartmann, 2000, Systemic risk: a survey. European Central Bank working paper, No.35, p.11.

European Food Safety Authority (EFSA), 2020, Risk assessment of aflatoxins in food, EFSA Journal, 2020;18(3):6040, DOI: 10.2903/j.efsa.2020.6040

Fouque, J.-P. and Langsam J. A., 2013, introduction in Fouque, J.-P. and Langsam J. A eds. *Handbook of systemic risk*, Cambridge University Press.

Gutenberg, B., C. F. Richter, 1944, Frequency of earthquakes in California, Bulletin of the Seismological Society of America, 34 (4), 185-188.

Kaufman G. G., K. E. Scott, 2000, Banking and currency crises and systemic risk: Lessons from recent events, Economic Perspectives, 24(3), 9-28.

Kaufman G. G., K. E. Scott, 2003. What is systemic risk, and do bank regulators retard or contribute to it? Independent Review, 7(3), 371-391.

Kim J. J., Baxter M. G., 2001, Multiple brain-memory systems: the whole does not equal the sum of its part, Trends Neurosci, 24(6), 324-330. DOI: 10.1016/s0166-2236(00)01818-x

Klinke, A., O. Renn, 2006, Systemic Risks as Challenge for Policy Making in Risk Governance, Forum qualitative social research 7(1), Art33. DOI: https://doi.org/10.17169/fqs-7.1.64

Mahar, H., 2003, Why Are There So Few Prenuptial Agreements, The Harvard John M. Olin Discussion Paper No.436. http://www.law.harvard.edu/programs/olin_center/papers/pdf/436.pdf (L.A. 2021/02/08).

Meadows, D., J. Randers, D. Meadows, 1972, *The limits to Growth*, Univers books, NY, NY.

Nomura, S., S. Gilmour, M.Tsubokura, D. Yoneoka, A. Sugimoto, T. Oikawa, M. Kami, K. Shibuya, 2013, Mortality Risk amongst Nursing Home Residents Evacuated after the Fukushima Nuclear Accident: A Retrospective Cohort Study, Plos One 8(3), DOI:10.1371/journal.pone.0060192

OECD, 2003, *Emerging risks in the 21st century – an agenda for action*, Paris. OECD. p.31.

Renn, O., 1992, The social arena concept of risk debates, in Krimsky, and Golding eds, *Social theories of risk*, CT., USA: Praeger, 179-196.

Renn, O. and A. Klinke, 2004, Systemic risks: a new challenge for risk management, EMBO reports Vol5, 41-46.

Renn, O., M. Laubichler, K. Lucas, W. Kröger, J. Schanze, R. W. Scholz, P. J. Schweizer, 2020, Systemic Risks from Different Perspectives, Risk Analysis, https://doi.org/10.1111/risa.13657

Retrospective Cohort Study, PLOS One 8(3), DOI:10.1371/journal.pone.0060192

Spiegel, E. A., 1987, Chaos—a mixed metaphor for turbulence, Proc. R. Soc. A 413, 87-95. DOI:10.1098/rspa.1987.0102

Thaler, R. H. and C. R. Sunstein, 2008, *Nudge: Improving Decisions About Health, Wealth, and Happiness,* Yale University Press, New Haven.

Wilson, R., 1979, Analyzing the Daily Risk of Life, Technology Review, 81(4), 41-46.

池田三郎, 2011, 「リスク学から見る「想定外」問題 ― 低頻度・巨大複合災害のアセスメントとガバナンスの再考」, 日本リスク研究学会誌 21(4)：231-236.

NHK, 2017, 「"原発避難いじめ"アンケートから分かった5つのこと」 https://www.nhk.or.jp/gendai/kiji/029/ (LA 2021/02/03).

木下富雄, 2011, 日本リスク研究学会春季シンポジウム講演より

国土交通省, 2011, 『国土交通白書』p.27.

国土交通省港湾局, 2013, 「港湾の津波避難対策に関するガイドライン」, p.69.

酒井泰弘, 2006, 『リスク社会を見る目』, 岩波書店.

内閣府, 2009, 「世界金融・経済危機の現況」, https://www5.cao.go.jp/keizai3/2009/0605sekai091-shiryou1.pdf (L.A. 2021/02/03).

内閣府, 2016, 「東日本大震災における被害額の推計」, 平成28年版 防災白書 http://www.bousai.go.jp/kaigirep/hakusho/h28/honbun/3b_6s_19_00.html (L.A. 2021/02/03).

松村治夫, 田中勝, 小林朋道, 荒田鉄二, 佐藤伸, 金相烈, 西澤弘毅, 2013, 「東日本大震災による漂流ごみの移動経路把握による二次災害防止に関する研究」, 平成25年度 環境研究総合推進費補助金研究事業 総合研究報告書, https://www.env.go.jp/policy/kenkyu/suishin/kadai/syuryo_report/h25/pdf/3K122110.pdf (L.A. 2021/02/03).

Ⅱ章　リスク低減の方策——科学・政策

5. リスクの対策のジレンマ

対策によるリスク

前章で「リスク vs. リスク」の議論をした。リスク対リスクを考えるのは「対策のリスク」を考えることでもある。たとえば，肥満のリスクを避けようとして合成甘味料を使うと，カロリーは下げられるが，別のリスクが発生するかもしれない。有機水銀やダイオキシンを避けるために魚の消費量を減らすと，魚に多く含まれる栄養素を取り損ねることによって別のリスクが発生するかもしれない。あるリスクを避けようとすると別のリスクが発生するというのは，あるリスクを避けようとしてとる行動のリスクである。

対策のリスクにはもっと動的で予測の難しいものもある。対策を実施すると，災害は低頻度化巨大化し，長期的にみるとリスクが下がらない可能性があるのである。たとえば，

堤防のない川がある。ほぼ毎年水が溢れる
　　↓
このリスクを避けるため 1 m の堤防を作った。水害は 10 年に一度になった。だが，破堤したときの被害は毎年起こる水害の 5 倍になった
　　↓
これでは大変なので 10 m の堤防を作った。お金はかかったけれど水害は滅多に来なくなった。人々は安心し，人口も増え資産の集積も進んだ。ところが 50 年後，大雨がきて破堤した。被害は堤防がなかったときに比べて 100 倍になってしまった……。

話を簡単にするとこういう具合である。無論数字はでたらめであるが，一般に高い堤防が壊れると，低い堤防が壊れたときより被害は大きくなる。

高い堤防のほうが，破堤時の水量が多くなるのだから当然のことである。「リスク」を被害の程度に発生確率を乗じた数字と定義すると，頻度を減らしても規模が拡大すればリスクは変わらない。結局，莫大な金と時間をかけて，リスクは変わらないどころか，危険な巨大災害を増加させるだけなのではないかという結論に至る。前章で論じたように低頻度災害は高頻度災害に比べて予測も対策も難しい。これでは何のための「対策」なのか分からない。

　これは水害に限定した話ではない。たとえば山火事は時に大惨事を引き起こすが，小さいうちに火事をコツコツと消していくと，燃料となる倒木などが蓄積して，結果として大規模火災のリスクが高くなる場合がある。つまり，"適度な山火事"，というのがあるのではないかという発想に行きつく。ちなみに山火事というのは自然現象であり，人間の火の不始末だけが原因ではない。そして，自然は小さな山火事を想定して"保険"をかけている。ジャックパインなどある種の松は，火災などの刺激がなければ球果が開かない。火災があるまで何年も待ちつづけ，山火事の後，いの一番に芽を吹くのである。ただし，これも手の付けられないほどの山火事で山全体が高温になればもちろん焼けてしまう。小さい山火事をその都度消すという「対策」が，生態系の保全も含めた山火事の全体のリスクを常に削減するかどうかは何とも言えない。

安心の罠

　大規模な，あるいは近代的な災害対策において忘れてはならないのは，対策が「人々の安心」をもたらすことによる動学的効果である。東日本大震災で発生した巨大津波によって粉々に破壊されたギネスサイズの防潮堤も，できあがったときは大いに安心感を与えたはずだ。逆にそうでなければ，巨額の公共投資をする意味もない。実際，あるレベルの災害であれば，期待に見合う機能を果たしたはずである。だが安心感はその構造物で守られた地に人や資産の集積を招く。この集積が，構造物が崩壊した場合の被

害をさらに拡大するのである。しかも低頻度の災害は低頻度であるが故に，社会の学習機会が少ない。対策を施した時点では，こういった集積や人々の心の変化などの程度を予測することは困難なのである。Burton ら（1993）は，アメリカの水害被害と一連の対策の観察を行い，連邦政府が関わり巨大な財政支出をした結果，従来ハイリスクであったところに集積が進み，かえって被害が大きくなったと論じている。

BOX.5-1

備　え

　東日本大震災を女性の視点から描いた小説にこんな一節がある。主人公の一人である福子は非常用リュックを，いつも用意していた。すぐにもって出られるように玄関に一つ，そして家が崩れたときのために車の荷台にも同じものをもう一つ。だが，津波はその両方を流し去ってしまう。それどころか地区の非常用備蓄でさえ倉庫ごと流されている。「非常用に備えたものが役立つのは，被害がそれほど酷くない状況下に限られるのではないか」と思う福子なのである。災害への備えを考えるのにお薦めの一冊だ。「女たちの避難所」（谷垣美雨著，新潮社）。

木が倒れたら危険なのか

　リスク学の世界には「木が倒れたら危険なのか」という問いがある。木が倒れることは危ない。ダムが決壊することも危険だ。だが，もし木の下に誰も住んでいなければ，あるいはダムの下流が無人であれば誰も傷つかない。すなわち，災害の危険（Hazard）は自然要因と社会要因が出会ったところに発生するのである（Fig.5-1）。

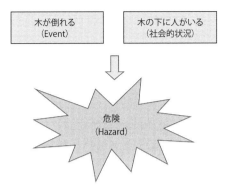

木が倒れる （Event）	木の下に人がいる （社会的状況）

危険
（Hazard）

Fig.5-1　危険発生の概念図

危険はなんらかの Event（たとえば地震や落雷）と，人間サイドの条件（たまたまそこに人がいたなど）が重なっておきる。

「木が倒れたら危険なのか」という問いかけには，少なくとも二つの含意がある。一つはなんらかの Event（たとえば自然現象）と「災害」は異なるということである。同じ自然現象でも，社会的な条件によって災害にもなり，ただの自然現象で終わることもあるということだ。二つ目は，対策には複数の異なるタイプのアプローチが可能であるということである。一つは木が倒れないように，たとえば支柱を立てる対策，もう一つは木が倒れるようなところに人を入れない対策である。一つ目の，支柱にはリスクが残る。だが，木の下に人が入らない対策であれば，倒木に関してはゼロリスクである。ただ，ゼロリスクの対策をとれる場面はそう多くはないし，着目したリスクと別のリスクが発生する可能性は十分ある。したがって，複数の対策を，費用対効果を考えながら組み合わせていくのが現実的，合理的という結論に至る。

対策相互の矛盾

複合的な災害には，複数のエンドポイントがあると述べた。それは二次的，三次的な影響まで含めると多岐にわたる。そして，あるエンドポイン

トに対する対策と，別のエンドポイントに対策が矛盾することもしばしば
である。たとえば，2019年に始まったCOVID-19感染症は，直接的な人
的被害の他に，失業などの経済的被害や，場当たり的な政府支出による格
差の拡大など，その影響は多方面に波紋を広げた。日本では地方の経済を
刺激するために，大規模な旅行推奨キャンペーンを実施したが，これが感
染症対策と矛盾するのは明らかである。ウイルスは人や動物などの「乗り
物」がなければ動き回れない以上，乗り物となる人の動きをおさえて感染
者と非感染者の接触を断つのが最も基本的な感染防止策であるからだ。一
方でステイホームを推奨しながら，一方で旅行や会食に巨額の補助金を出
すのはどう考えても矛盾である。だが，地方経済の疲弊も待ったなしの状
態であり，難しい決断であったものと思われる。こういった問題は，リス
クの大きさや対策の費用対効果に従って資源を割り振るという単純な方法
では管理できず，より高度なシミュレーションや分析に基づく判断が必要
となるだろう。

---

6. 対策の分類

対策を組み合わせる

　リスク削減には一つの対策で徹底的にリスクを削減できる場合もあるが，
多くのケースでは複数の対策を組み合わせる必要がある。一般に，一つの
対策の限界リスク削減費用は増加する，言い換えると単位資源当たりのリ
スク削減量は削減が進むほど減少する。したがって，複数対策を組み合わ
せるほうがトータルで資源の節約になることが多い（Fig.6-1 参照）。ここ
では，リスク削減対策をいくつかの着眼点に基づいて分類する。

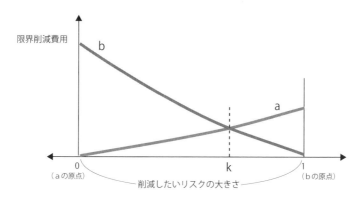

Fig.6-1　リスク削減費用の概念図（限界リスク削減費用が逓増する場合）

（注：b曲線がある平面はaの曲線がある平面と鏡対称）

縦軸はリスクの限界削減費用，横軸はリスクの削減量を表す。二つの曲線は二つの対策に対応し，それぞれの対策による削減量と限界費用の関係を表している。曲線aは縦軸と横軸の交点を原点とし，右に行くほどリスクの削減量が大きくなる平面上にある。一方，曲線bはaのある平面と鏡対称の平面上にある。すなわち，bは左に行くほどリスクの削減量が大きくなる。bの原点は，合計で削減したいリスクの大きさ（仮にこれを1（＝100％）とする）にとってある。削減費用は，それぞれの曲線の下の部分の面積である。どちらか一方の対策で1減費するより，k点で割り振ったほうが，合計の削減費用（面積）は小さくなる。対策が二つ以上の場合でも一般に限界対策費用を均等化するように対策を割り振るのが理論上の最適である。

上流と下流

　リスク削減対策には「上流」で行うものと「下流」で行うものがある。リスクの因果図（Fig.6-2）でいうと，左に行くほど上流，右に行くほど下流であり，災害を未然に防ぐものほど上流で，被害があっても実質的な損失が出ないように，たとえば保険で備えるような行為が下流での対策ということになる。感染症であれば，感染者の増加を防ぐことがより上流での対策，感染者が出てしまっても治療できるように医療面を整えるのがより下流での対策ということになろう。温暖化問題なら，温暖化ガスを削減するのが上流での対策，温暖化してしまったときのために，たとえば高温の地域でも栽培できる米を開発することなどがより下流での対策にあたる。つまり一般には上流の対策は予防的であり，下流に行くほど対症療法的と

なる。

　上流での対策のほうがより本質的な対策であるように思われるかもしれないが，常にそうであるとは言えない。上流での対策には「ある想定」が必要であり，本当の巨大災害のときにはその想定を超えることがある。逆に想定を大きくすると，空振り率が高くなり，費用が膨らむ可能性があり，バランスをとるのが難しい。下流における対策は，リスクが顕在化した時に発動するため，空振り率は低い。だが，感染症における医療体制のような場合は，上流での対策の底が抜けていると対処に限界が生じ，一定の人的被害が避けられなくなる。

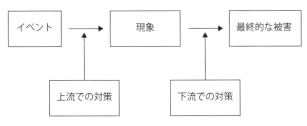

Fig.6-2　因果図（Causal structure）

　この因果図には，二つの対策しか書かれていないが，一般にはこの中間に位置する複数の対策がある。上流，中流，下流の複数の対策を合理的に組み合わせていくことが重要であり，一般にはどれか一つを充実させればよいというわけではない。

BOX.6-1

頑張りすぎないことも対策の一つである

　筆者が子どもと過ごした経験のあるボストン近郊の町は，冬になると氷点下10度を下回り，吹雪が来れば数時間で車が埋まる。吹雪の予報が出ると，学校はもちろんほとんどのビジネスも休みになる。緊急車両を除けば走っている車もなくなる。電力会社からは，電気が止まると水も止まることがあるので水

をためておくようにとのメールが来て，なるほど停電があっても当分復旧しないのだなと知る。雪が降るたびにステイホームになるので，小学校の春学期は終わりの日が決まっていない。雪が降った日数だけ，後ろにずれるのである。

　翻って日本を見ると，まじめすぎないか，と思うのである。この原稿を書いている2020年末，近年まれにみる大雪の影響で，関越道で640台の車が立ち往生したと報じられた。さらに翌一月にも北陸自動車道で1000台以上が巻き込まれたという。もちろん，日本でも降雪はあらかじめ予報されるのだが，不要不急の判断が日米でずいぶん違うようだ。アメリカで要・急なのは，病院，消防，警察くらいで，水も電気も明日でいい。日本では通常の仕事であっても，不要不急とは言わないようだ。だが悪条件のなかで仕事をしても，時間当たりの生産性が上がるとは思えない。立ち往生に2日も巻き込まれればその間の生産性はゼロであり，ガソリンだけが無駄になるうえ，救助にあたる人の時間まで奪う。こんなときに頑張らなくて済む社会を作るということも，最上流における一つの対策だと考えている。

担い手による分類

　リスク削減手段は担い手によって大きく自助，共助，公助と分類される。自助は文字通り自分もしくは家族のなかでのリスク管理，共助は町内会など近隣による助け合い，公助は政府によるものである。

　現在，特に大きなリスクの削減は政府や専門家の役割とされることが多く，日本では「自助努力」という言葉は，おおむね否定的な脈絡で語られる。だが，実際には自助の力は強く，また自助を欠く公助は上手く働かないことも稀ではない。たとえば，ハザードマップを作製するのが自治体の責任だとしても，個人がこれを閲覧しないことには何も始まらない。加えて実はハザードマップは家族ごとに「カスタマイズ」して見るものである。家族に高齢者がいる，障碍をもつ者がいる，乳幼児がいる，ペットがいるなど，事情は家族ごとに様々だ。もちろん，家の構造によるカスタマイズも必要だ。平屋とマンションの高層階では取るべき対策は当然異なる。片田・及川（1999）らはハザードマップを閲覧していた住民は，閲覧してい

ない住民に比べて避難行動が適切であったと報告しているが，その利用率は現在でも十分とは言えない。金井ら（2017）はハザードマップの公表後一カ月時点での閲覧率は 21.1％，保有率は 6.9％と推計している。NTT ドコモによる 2020 年の調査では，認知率は 3 割，紙保有は 16％，スマホにダウンロードしている人は 2％であり 2017 年の推計よりかなり改善しているものの，依然低い水準に留まっている（モバイル社会研究所防災レポート，2020）。

　政府による自助の呼びかけは，自助ができている人には煩わしく，公は公の責任のみに特化すべきという議論が出がちだ。だが，自助が十分でない場合は，自助の呼びかけもまた公的責任のうちの一つとなる。

　遭難リスクなどレジャーに関するリスクのケースであれば，自助がきわめて重要であることに多くの人が同意するかもしれない。山岳での救援に当たる人からは「山のリスクに関する雑誌の記事をちゃんと読んでいるような人は，まず遭難しない。問題は，そういう記事を読もうとしない人たちだ」[1] という声が聞かれるが，情報を出すのは政府を含む様々な組織の役割だったとしても，出された情報を理解し対策を考えるのはすべて「自助」の範疇である。ここを軽視しては助かるものも助からず，場合によっては二次災害をも引き起こす。この意味で自助の重要性は繰り返し強調されなければならない。

　「自律と自己責任」は同時に「自己選択の自由」を意味するものであり，次節で論じるように強い規制，すなわち政府の「温情と干渉」（パターナリズム）とは相反する。他人（政府）の干渉をどこまで肯定するのかどうかには慎重な議論が必要だ。政府による規制はどうしても均質にならざるを得ない一方，リスクと便益は個性や価値観によって多様であるからだ。

1）たとえば，日本山岳救助機構合同社（2013）「山のリスクについて無頓着な登山者をどう啓蒙していくか」，https://www.sangakujro.com/（LA2021/02/10）

Note：自助と自己責任

　政府が「自助」を口にすると批判が出る理由の一つとして，公的になすべきことが不十分である場合がある。様々な危機に際して政府がはたすべき役割は大きい。ここが不十分であるのに自助を持ち出されれば反発がでるのは当然である。

　注意が必要なのは，個人がなすべき対策を十分にしていたとしても，リスクはゼロにはならないということだ。自然災害にしても感染症にしても，あるいは成人病などにしても，適切な自己管理でリスクが減らせたとしてもゼロになることはない。誰でもある確率で被害者になり得る。ここに自己責任を持ち出されると，あたかも個人の責任であるかのような雰囲気が醸成され，場合によってはバッシングの対象となる場合もあるので十分な注意が必要である。感染症がまん延すれば，誰しもがある確率で感染者となる。遊び歩き飲み歩いていた人はハイリスクではあるかもしれないが，ウイルスはそうした人だけを選択的に襲うわけではない。したがって感染者をバッシングしても，隠蔽のインセンティブが広がるだけで，社会には何一つメリットはない。

政府・自治体の役割

　自助は基本であり重要であると述べたが，自助努力だけであらゆるリスクを回避することはできず，特に大規模な災害では政府や自治体が大きな役割を果たす。たとえば，大規模な震災や水害であれば，警報の発令や避難所の準備，物資の調達や財政支援が必要である。広域の感染症であれば，正確な情報の提供や緊急事態宣言の発出や医療体制の整備など，政府に期待される役割は大きく，また多岐にわたる。ただ，政府といえども構成者は全能の神ではなく人間であり，緊急事態に直面した時に冷静的確に対応できるとは限らない。それどころか"エリートパニック"と呼ばれる状態に陥り，かえって事態を混乱させる可能性もある。可能な限り平時から様々な事態を想定し，手順を明確化透明化しておくことが求められる。実際の緊急時に直面した場合に柔軟性をもって対応することは極めて重要ではあるものの，これは事前の準備や想定をしないことを肯定するものではない。ましてリスクに直面している状態で「仮定の質問には答えられない」などの"日本的"コミュニケーションをすることは信頼できる政府の

あるべき姿とは言えない。

　政府には中央政府と地方政府があるが，それぞれどのような役割を担うかはその国や国民の考え方による。日本は中央に権限と財政が集中しており，これには地域間の格差を是正しやすいというメリットがあるが，これが唯一の解というわけではない。自然災害であれ感染症であれ，地域の実情を把握しているのは地方政府であり，地方政府のほうがリスク管理者としてふさわしいという考え方もある。日本の多くの自治体職員は災害時など，自身も被災者でありながら職務を遂行するなど，責任感が強く信頼ができる職員が多いと感じる。もし，自治体の方針が気に入らなければ他の自治体に引っ越すこともできる。国をまたいでの引っ越しは難しいが，国の中での移動であればややハードルは下がる。フリードマンの言葉を借りれば「そこまでする人はめったにいないとしても，その可能性があるというだけで権力濫用を抑止する効果がある」（フリードマン，2008）というわけだ。ただ，災害情報などは発信の主体や方法があまりバラバラだと，無駄が多くまた受け手の負担も増すことが考えられるので，デザインには工夫が必要である。

共助と社会資本

　自助と公助の隙間をうめるのが共助で，近年その重要性が改めて見直されている。災害の際に地域の消防団や青年団などが迅速に動き，被害縮小に大きな貢献を示した例は枚挙にいとまがない。地方の集落などでは地元の消防団が地域の高齢者や体の不自由な人などの情報をよく把握しており，声掛けや救援活動などを行っている。組織化された消防団等でなくても，近所同士の助け合いも共助に位置付けられ，良好な人間関係のネットワークは減災の重要な要素の一つと考えられる。東日本大震災で「絆」が一つのキーワードとなったが，地域のつながりは減災だけではなく，助け合いや規範を通じて生活の質を向上させると考えられている。近年過疎化による地域の崩壊や都市の人間関係の希薄化が懸念される理由はここにもある。

良好な人間関係は，災害時や緊急時だけでなく，普段からそのネットワークの中にいる人の生活の質を様々な形で向上させる。健康や教育の質の向上，適切なリスクガバナンスなどにも，良好なネットワークが貢献する。こうしたネットワークは社会的に形成された一つの公共財，あるいは社会的資本であるという考えからソシアル・キャピタルと呼ばれる（Stiglitz et al., 2010）。ただし，便益をもたらす大概のものにリスクやコストがあるように，地域のネットワークにもいくらかのコストがある。一つは外部に対するもので，ソシアル・キャピタルには負の外部性がありえる（Stiglitz et al.）。共同体は排他的であったり，外部に対して攻撃的であったりする場合もあるからだ。これは国家という共同体を思い浮かべれば容易に理解できる。

　もう一つは内部に対するものである。共同体や組織は，それが強固であればあるほど，内部に強力な同調圧力を持ち，そこに属する一部の人に負担を強いる場合がある。後述するように，その有形無形の圧力はいつも良い社会規範を示すとは限らない。戦前の管制組織である隣組のように，ある方向への同質性を求める基礎単位となりうる危険も孕む。地域や家族に対する立場や価値観は人それぞれで，強い縛りは時に人を傷つけたり，自由を妨げたりする。もともと「絆」は動物などをつなぎとめておく綱，あるいは人を束縛する「ほだし」（刑具として用いる手かせや足かせの意（大辞林））の意であり，決して良い意味ばかりではない。そして文字通りの「絆」に息苦しさを覚える人は確実に存在する。顔見知りばかりの出身地を出て，「絆」の弱い都会へ出るのは，仕事を求めることのみが理由とは限らない。

　2021年のノーベル物理学賞を受賞した眞鍋淑郎博士は，受賞後の会見で，"I don't want to go back to Japan." "Because I am not able to live harmoniously."（私は日本に戻りたくない，調和の中で生きる能力がないから）と述べ，日本の中にある同調圧力をやんわりと批判している。眞鍋博士はポストを求めて渡米したようであるが，同調圧力の存在は，時にユニークな考えや能力をもった人材の流出につながる可能性を示唆している。

「絆」

　Box5-1で紹介した「おんなたちの避難所」は，災害時や避難所における女性の立場などに優れた考察が見られる名著であるが，個人的に共感するのは「絆」の描き方である。3人の女性主人公は同じ避難所で出会うが，そこでは「避難所の絆が損なわれる」と主張するリーダーの意見で仕切りを作ることを許されず，また女性だけに食事の支度をすることが求められた。3人はこうした対応に疑問を抱くものの，"女の分際"で意見を言ったところで，地域に居づらくなるだけだと押し黙る。だが，最終的に3人は「絆」から逃れ，自由な東京で人生をやり直すことを決意するのである。著者である谷垣は，「絆，絆というが家族や個人の事情はそれぞれで『絆』が重圧になる人もいるのではないか」と述べているが，こうした考えが女性から出てくるのは偶然ではない。現在の日本では，地域の絆のコストは多くの場合女性に押し付けられているからだ。

ソフトとハード

　さて，対策の分類には，上流下流などのタイミングや担い手による分類の他に，その形態による分類がある。ハードによる対策は水害でいえばダムや堤防などであり，ソフトによる対策は，情報提供や教育や避難訓練などを指す。水害ではしばしばこうした分類が行われるので，Ⅲ章ではこの流儀にしたがって議論を進めていく。

---

7. 自己選択とインセンティブ

規制か自己選択か

　一般の人をリスク行動から遠ざけるために政府がとるべき対策は，大きく「規制」と「自己選択（インフォームド・チョイス）」の二つに分類される。

前者は規則や法律によって政府が国民の行動を直接コントロールするもの，後者は政府が情報を出し，後の選択を国民の自由意志に任せるものである。前者が強権的，あるいはパターナルであるとすると，後者はリバタリアン的ということになろう[2]。リバタリアン的政策は，いわゆる自己責任を求めるものであり，政府の責任放棄，あるいは冷たい印象があるかもしれない。だが実施する政府の方から見れば，規制の方がしばしば負担は軽い。相手に責任の一端を任せることは，その責任能力に対する信頼がないと成り立たないからである。子どもが小さいうちは一人での外出が禁止で，裁量権を与えるには成長を待たなければならないのと似ている。

　日本ではあまり見かけないが，海外によくある標識に"Swim at your own risk（自分のリスクで泳げ）"，"Enter at your own risk（自分のリスクで立ち入れ）"といったものがある。いずれも，自分の責任において行動するように，リスクの存在を知らせるものである。アメリカを中心に，自由を重んじる文化を持つ国々では規制からインフォームド・チョイスへの流れがあるが，日本を含め国や地域によっては自由選択・自己責任の文化は未成熟であると感じる。だからこそ"at your own risk"ではなく，"禁止"となってしまうのである。

Fig.7-1　理由を述べよ

　昔は子どもがハゼなどを釣っていた河口に最近，禁止の看板がやたらと増えた。予算が余ったのかもしれないが，「危ないから禁止」なのか，「生態系を守りたいから禁止」なのか，「船舶の航行（といっても桜の季節の屋形船程度）の邪魔になるから禁止」なのか，せめて余白に理由をつけてほしいものだ。

2）前述の「ナッジ」はこの中間ということになろうか

ある程度合理的な行動ができるのであれば，国民にとっては禁止よりはインフォームド・チョイスのほうが効用は大きくなる。たとえば「入山禁止」のケースであれば，健康状態や装備有無など，総合的に考えて低リスクの人の効用は低下する一方，高リスクの人は禁止されなくても入らないので，これらの人々にとってはどちらでも同じである。つまり全体でみればマイナスとなる。フグ食なども，豊臣秀吉がこれを禁じて以来，公式に解禁されたのは明治に入ってからであるが，禁止されれば安全に調理できる人の効用は下がると思われる[3]。

　だが，これは多くの人々がリスクを鑑みて合理的な行動ができる場合の話であり，そうでなければ一律禁止にしてしまう方が確実である。実は，大人であっても人は常に合理的な行動をとれるとは限らない。それどころか，多くの人は自分の能力を過大評価する傾向にあることが知られている。ほとんどの運転者は自分の運転能力は平均以上だと考えており，大学教授は平均的な教授より自分は有能だと考えている（Thaler & Sunstein, 2008）。さらに，多くのケースにおいては，判断の主体がリスクをとる主体と完全に同一になるとは限らない。個人のリスクに見えても，そのコストが他の人に及ぶこともある。登山の例でいえば，誰かが遭難すれば救援が必要となり，その費用はしばしば税金で賄われる。糖分のとりすぎや運動不足などによる健康リスクであれば，そのコストは保険の仕組を通じて他の人に負担を与える。つまり，禁止や規制はそれを受ける側の効用を低下させたとしても，全体のコストは安く上がる可能性もあるのだ。

　パターナルを求めるのか自己責任を重視するのかは，国や人によっても考え方は大きく異なる。自己選択を志向する人でも，子どもはもちろん高齢者や障碍のある人については，パターナルを容認することがある。だが，当の高齢者や障碍者が自己責任を伴う自己判断を求めないかというと，それはまた別の話である。政府の決定と政府の責任を大きく見るいわゆるリベラル派でも，政府単独の意思決定を認めるわけではない。

3）現在でも肝の販売は食品衛生法で禁じられている

いずれの場合も——政府がするにせよ他の主体がするにせよ——意思決定と責任はある程度セットにならざるを得ないことは理解しておく必要があるだろう。

沖縄国頭村にタナガーグムイの滝という素晴らしい滝がある。植物の群落も大変貴重で，毎年楽しみに通っていたが，2017年，米軍嘉手納基地所属の女性空軍兵が水遊びの最中に死亡し，立ち入り禁止になってしまった。本当に残念である。亡くなった米兵は気の毒ではあるが，任地で遊ぶなら死なないように遊んでほしいものだ。こうして一つ一つ日本の財産が国民から遠くなる。

Fig. 7-2 タナガーグムイの滝
（沖縄県国頭村，著者提供）

インセンティブとモラルハザード

モラルハザードとは，保険金や補償を取得するために自ら家に火を放つような"不道徳"な行為を表す言葉であるが，現在では保険や政府の事後補償の存在によってリスク削減のインセンティブが低下する現象[4]を広く表す言葉として用いられる。意図的に事故を起こさなくても，事後補償の存在が安全管理のインセンティブをわずかに低下させることは考えられる。運転免許証をうっかり忘れたドライバーは何時にも増して安全運転を心がけるというが，逆に言えばもっていれば安全意識が微量減少するとい

[4) これをもともとのモラルハザード（moral hazard）に対して，モラールハザード（morale hazard）と呼ぶこともある。

うことになる。

　災害後の政府補償，つまり対策の下流における政策の充実は，個人による減災のインセンティブをわずかでも削ぐ可能性がある。保険と同じで，このモラルハザードを引き起こさせない制度設計は結果として社会全体でのリスクを低下させることにつながるはずである。

　だが，こうした設計は非常に難しい。論点はいくつかある。第一に，個人のインセンティブを喚起しようとすると，様々な理由で本当に対処不可能な人を制度の外に置き去りにしてしまう可能性があること。第二にほとんどの国民が事後の政府援助や補償を求めること。第三に事後補償すなわち下流での対策のほうが現実問題として費用対効果が高い場合もあること，などが挙げられる。

　第一の点であるが，たとえば地震保険のように政府がかかわる保険にはリスクフラットなものとリスクベースのものが考えられる。リスクフラットとはリスクにかかわらず料率が一律のものである。一方，リスクベースの保険とはリスクに応じて料率が変わる仕組みであり，これを明らかにすることによってリスク低減のインセンティブを与えるものである。地震や水害といった自然災害の場合，被害の大きさは地盤や高度などの地理的条件や土地の歴史などからある程度予想できる。たとえば，東海豪雨水害の際，名古屋市内で被害が大きかったのは庄内川の右岸[5] であった。庄内川の左岸は名古屋城のある古くからの城下町で，右岸はもともと湿田であったところを開発し，住宅地とした場所である。右岸堤には城下を守るために洗堰が設けられており，洪水の際には洗堰を超えて右側に水が流れ，城下を守るとともに，洪水の運ぶ養分が田に入る仕組みとなっていたのである。

　さて，リスクのおおよその度合いがあらかじめわかるとして，ハイリスクなところに住む人はリスクを承知でそこを選ぶとは限らない。経済的な制約などから選ばざるを得ない場合も多い。こういったケースは自己選

5）上流から河口に向かって右側

択・自己責任で片付けられるべきものではない。災害時，特に人的被害が多いのはこうした危険地帯の裕福でない人々である。阪神・淡路の大震災の時でも，大きな被害が出たのは長田区など小さな木造家屋が密集する地域で，芦屋界隈の邸宅地などでは人的被害はほとんど出なかった。つまり，仮に保険料率に差をつけてリスクの存在を知らせる仕組みをつくったとしても，移動できる人ばかりとは限らないということだ。それどころか，低所得者が住む地域ほど保険料が高くなり，結果として無保険を選択させてしまう可能性もある。リスクフラットな保険には制度に所得再分の仕組みがあるが，リスクベースの保険にはそれがないということなのである。

　二点目であるが，政府補償はいわば保険料が税金で支払われる強制加入保険である。これには所得再分配の効果はあっても，リスク削減のインセンティブ効果は期待できない。災害後の復旧活動における中央政府による巨額の支出は，地方自治体でさえ時に「災害待ち」の状態に陥らせるという（佐藤・宮崎, 2012）。まして民間企業や個人のインセンティブを損なわずに支出を行うことは容易ではない。だが被災者からみれば ——それがコロナ禍で自粛を求められたというようなものでも——，貰えるものは貰いたいというのが本音なのである。つまり，事後的支援を出動しないことは政権にはマイナスとなり得る。

　三点目の費用対効果であるが，すでに述べたように，上流での対策は空振りリスクがある一方，顕在化したリスクを補填補償する下流の政策には空振りがない。仮に長い目でみて，なにがしかのインセンティブを削ぐ可能性があったとしても，費用対効果の面から事後の政府支出は十分説得的である可能性は高い。政府支出によって早期に復旧・復興すれば早期の税収の回復も見込めることになる。

　制度は上記のような論点を総合的に勘案し，バランスを見ながら設計する必要がある。アメリカの国家水害保険は料率が高いと不評ではあるが，減災のインセンティブをできるだけ削がず，リスク移転が可能になるような仕組の設計に苦心の跡が見られる。これについてはⅢ章で紹介する。

8. 共助と「絆」のコスト

地域とジェンダー

　災害時，地域の共助はきわめて重要な役割を果たす。地域のなかでどこに助けが必要な人がいるのかなど細かい情報を地方自治体が把握するのは難しく，地域の消防団などの存在は極めて力強く有難い。こうした地域のネットワークやソシアル・キャピタルの重要性を論じたものは国内外に多数存在しているので，ここではその重要性を認めたうえで，そのコストに着目したい。

　地域の力が発揮されるためには，日頃からのよりよい人間関係が重要だといわれる。日頃からの備えの例として横浜市の「港南区版 災害時要援護者支援のてびき」にある，「いつもの備え」を以下に転載しておく。

・回覧板のお届けなどを兼ねて訪ねてみる
・カーテンや窓の開閉，ポストの郵便物など，生活のサインを活用した見守り活動を行う
・自治会などで開催する地域の行事などに声をかける

　このリストはほのぼのとした内容ではあるが，緊急時に最も力を発揮するであろう現役世代の男性で，こうした活動を日頃から行っている人がどれだけいるであろうか。消防団などで組織的に行っているならともかく，全くの個人としての"おつきあい"は，これまでの日本では"家庭の主婦"と言われる女性達が，その多くを担ってきたのではないかと思う。そして，働く女性の増加とともに，こうした地域の「機能」は改変を迫られている。

「地域の嫁」

　近年，働く女性の増加とともに，改変を迫られている地域の問題の一つにPTA活動がある。実はPTAこそ日本最大の地域組織であり，以前は，「地域の嫁」と称されていたこともあった。かつては今より多くの子どもが地区の小学校に通っており，PTAのメンバーはそのまま地域のメンバーだったのである。現在でも地区によってはPTAが直接的間接的に地域の活動やイベントなどにかかわっている。これ自体は悪いことではない。個人的にはこのメリットがあるからこそ，遠くの私学に行かせるより，地域の公立に子どもを通わせるほうが良いのではないかと思うほどである。だが，この「嫁」という呼称が明示的しているように，ここにははっきりとジェンダーの問題が存在している。近年，都市部では町内会などの地域活動自体が弱体化しているためPTAが地域との懸け橋になる例は少なくなっているが，PTA組織に存在する強力な同調圧力とジェンダーギャップ問題は今なお頑として存在している。PTAは任意団体であり，加入は義務ではない。だが，多くの学校でその加入率は100％に近く，これは本家アメリカのPTAの加入率をはるかに上回る。ここには学校ぐるみの強力な同調圧力が働いている[6]。たとえば任意加入でありながら，会費が給食費と同じ口座から同時に引き落とされる仕組みとなっていたり，学校が持っている児童に関する情報がそっくりそのままPTAに渡されていたりすることもある。また，PTA会員の子どもでなければ卒業証書の筒を渡さない，コサージュは渡さないなど学校が子どもを人質に取った形で圧力をかけることもしばしばであり，裁判事例もある[7]。作家の川端裕人（2013）は，役員の選出会議では，誰も何も語らない『無言地獄』が5-6時間にも及び，「その空気に耐えられず役員を引き受けてしまう人」，「会議

---

6) ちなみに筆者の子どもは，海外生活で一年間休学ののち，筆者のPTA非加入を理由に復学を拒否されそうになった。公立小学校の話である。

7) たとえば2014年に熊本に住む保護者がPTAを相手取って起こした裁判（通称，熊本PTA裁判）

が終わった瞬間廊下にへたり込む人や泣き出す人」がいると語っている。かつて「嫁」は経済力がなく家から逃げることはできなかった。PTAも全国組織であり、どこへ行っても巻き込まれる。これこそが人を縛る刑具である「ほだし」すなわち「絆」のもつ一面なのである。

岩竹（2017）はこうした日本のPTAにアメリカからの輸入ものではなく、戦前の母の会、大日本連合婦人会との連続性を見る。自分たちの問題を話し合ったり合意を形成したりする機能がなく、上部組織との連絡や講演会への参加に忙殺されるPTAの現在の姿に「国家の意思」を感じるというのである。地域防災において、人のネットワークの力は極めて重要である。非常時におけるその力は強く頼もしい。だが、同調圧力には別のリスクがあり、これを過小評価することは危険だと思うのである。

群衆の同調圧力

同調圧力はときに恐ろしい結果をもたらす。Thaler & Sunstein（2008）は、集団圧力が通常では考えられない結論を人々に受け入れさせることがあるとして、ジョーンズタウンでの集団自殺に言及している。1978年ジム・ジョーンズを教祖とする新興宗教団体がジョーンズタウンと名付けられた村で集団自殺をとげた。信者はまず自分の子どもに毒をのませ自分も飲むように求められ少数の反対は封じ込められたか、もしくは他殺された。死者数は900人を超え、うち3割弱が子どもであった。

同調圧力で有名なのはAsch（1951）の実験であるが、彼の関心事は、なぜナチスのホロコーストが実際に起こったのかであった。実験は被験者にごく簡単な質問をして答えさせるというシンプルなものである。被験者はひとりで質問された場合はほぼ100％正しい答えを返す。ところが被験者を、明らかに間違った答えをする5人のサクラ（協力者）とともに部屋に入れると、32％が協力者に引きずられ、間違った答えを返したというのである。この実験を繰り返すと、全体の実に75％の人間が一度は間違った答えを返したという。質問は3本の棒を見せ、ほかにある1本の棒と同じ

長さのものを選ばせるという間違えようのないものであった。にもかかわらず，多くの人が他者に引きずられたのである。

　また集団は一度たどりついた結論にこだわる傾向を示すことも知られている。小さな集団にサクラを入れ，それによりいったん同意が形成されると，最初の協力者がいなくなり，その後人を少しずつ入れ替え，すべての被験者が入れ替わってもはじめの（サクラの）判断に集団が固執しつづける現象が報告されている（Sherif, 1935）。女性の社会進出が普通になった現在でも，昭和の価値観や方法に固執している PTA の現状は，メンバーや状況が変化しても集団がそれまでの習慣に固執する習性があるという sherif の発見によってよく説明される。毎年入ってくる新人も集団内に留まることによっていずれ圧力をかける側のメンバーとなり時代遅れとなった“文化”が維持される。

　人は集団で間違うことがある。Asch の実験で被験者は単独で質問を受けたときは間違わなかった。しかも実験の被験者はサクラと面識がなかった。つまり，知人に気に入られたいというインセンティブをもつ集団より圧力はかなり小さかったと推定される。PTA にせよ町内会にせよ，人が集団で間違う可能性について深く理解し，繰り返し思いかえす必要がある。ジョーンズタウンではまともな人は少数派であった。多数派がいつも正しいとは限らず，また集団の中にいる人間にその判断ができるとも限らない。これがホロコーストや戦前の隣組の教訓である。大鍋に毒水を作り集団であおる行為は異常である。だが「無言地獄」も，外から見ればとても尋常とはいえない。日本社会はもともと村的圧力が強いと感じるが，地域のネットワークもソシアル・キャピタルの議論も，「深くかかわらない自由」の容認も含め，本当の意味での多様性を担保した上で行う必要がある。

「どちらへ？」とは聞かない思いやり

　気持ちはいいが息苦しくない，程よい人間関係を築くにはそれなりのマナーがある。

　故沢村貞子はその著書のなかで，次のような経験を紹介している。彼女が子どもの頃，家の前の道を掃き掃除していたら近所のおばさんが通りかかった。「どちらへ？」と声をかけたら母親にひどく叱られたというのである。「誰がどこへ行くかは大きなお世話だよ，おでかけですか？　いってらっしゃい，だけでいい」というのだ。いつも気にかけてはいるが，詮索はしない。親切心はあっても押し付けない。絶妙なバランスを伝える，江戸下町らしいエピソードだと思うのだ。集団の良い面を育て，絆しの息苦しさを封じ込めるための知恵を拝借したいものだ。

9. 住民参加の意思決定

リスクガバナンス

　複雑性，不透明性，不確実性が大きい現代のリスク管理には正解がない。価値観が多様であり，またリスクにかかわる利害もまた多様で複雑であるからだ。先の規制か，インフォームド・チョイスかの議論でも見たように，すべてを政府が一括，一律でリスク管理をすると，それを受ける側の効用はしばしば下がる。実際にはほとんどの人が「典型的な一般国民」とは異なる属性をもっているので当然のことといえる。

　リスクガバナンスとは，政府（ガバメント）が意思決定を行い「一般国民」がこれに従うという従来のトップダウン式のリスク管理に対して，①様々なレベルで，つまり中央政府だけでなく，地方自治体や民間企業，あるいは自治会などにおいて，多様な属性や思想，また異なる利害関係をも

つ Stakeholder（利害関係者）が②意見を交換しながらリスクの管理を行うことを意味する（IRGC, 2005）。前者は多層性や特定の対象に関する組織やレベルの話であり，実効性やきめ細やかさに関係する。後者は民主的な意思決定にかかわるものであり，規範的な意味も含むもので，両者は別の次元にある。

　中央政府の一律の政策にきめ細やかさを求めることは難しい。地域の膨大な情報を把握するのが困難だということもあるが，政策は複雑になりすぎると制度の全貌を把握することが困難になり，抜け道も増え，行政コストもかかる。そもそも，政府の意思決定が合理的科学的である担保はどこにもない。どのレベルでもいえることではあるが，政府は全能ではなく，政治家には政治家個人のインセンティブがある。選挙で選ばれた政府であっても，様々な人々の生活や福祉を代弁しようとするわけではなく，特にマイノリティーは切り捨てられやすい。選挙による投票行動が合理的であるかどうかも分からない[8]。投票者が合理的であってもなくても，政府が全能でない以上，個別の政策について，透明性を担保し，合理性，公平性の観点から様々な目を通じて常にチェックが入るのが望ましい。

　利害関係者と政策立案者が双方向で意見を出し合いながら政策をつめていくというプロセスはリスクガバナンスのキーとなる概念の一つである。ただ，多様な属性を持った人々が意見を出し合いそれを取りまとめるのは大変に手間がかかる作業である。専門家同士でさえ，それぞれ専門とする範囲が狭く，分野が異なると同じ言葉に別の定義がなされていることがあるなど，コミュニケーションは簡単ではない。

　独裁的，単層的になればなるほど，意思決定は早く，効率はよいが腐敗や暴走の危険がある。民主主義は一方で効率性を犠牲にして独裁を防ぐものであるため，緊急時には間に合わない。適切なリスク管理は，繰り返すが平時から行われるべきものなのである。

8）たとえば Caplan, B., 2007 を見よ

Note：世界銀行のガバナンス指標

　世界銀行（World Bank）は 1996 年から世界の国や地域のガバナンス状況を World Governance indicator という指標で評価して公表している。指標は 6 つで
- Voice and Accountability　（国民の発言力と政府の説明責任）
- Political Stability and Absence of Violence（政治的安定と暴力の不在）
- Government Effectiveness　（政府・行政の有効性，実効性）
- Regulatory Quality（規制の質）
- Rule of Law（法の支配）
- Control of Corruption（汚職のコントロール，あるいは汚職の不在）

となっている。評価はこれらの指標を統合的と個別的の両方でなされている。この指標によると，日本はテロの不在では OECD 諸国（high income）を大きく上回っているが，国民の発言力と政府の説明責任では下回っており，2019 年は前年より低下している。規制の質も下回っているが，こちらは上昇トレンドのようだ。この指標がガバナンスの評価として妥当かどうかはともかく，世界銀行がガバナンスに注視しているという点は興味深い。

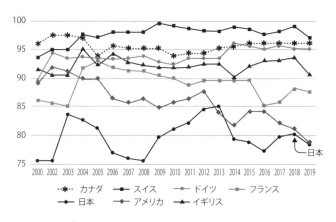

Fig.9-1 「国民の発言力と政府の説明責任」指標の国際比較

Source: The world bank

リスクコミュニケーション

あるリスク案件について，政策立案者と利害関係者が双方向で意見交換

をすることをリスクコミュニケーションという。リスク "コミュニケーション" は，通常の会話やコミュニケーションとの比較において特徴づけられるものではなく，政府や専門家からの一方通行であるリスクメッセージや教育との比較において「双方向」であることを強調する意味で "コミュニケーション" である。リスクコミュニケーションは広義では一方通行であるリスクメッセージやリスクインフォメーションも含まれるが，双方向である，つまり市民・国民が意思決定プロセスに参加することは，すでに決まった政策の理解を一方的に求める情報発信とは大きく性格が異なっている。狭義の（双方向の）リスクコミュニケーションでは，その実施以前に意思決定が完了していることはあり得ない。立場の異なる者同士が，真摯な話し合いを通じて相互理解（mutual understanding）を深め，お互いに学びあう社会学習（social learning）なども期待される。これは専門家による一方的な「教育」とは全く異なり，社会全体の前進のきっかけを作るものである。その目的は信頼関係の構築と相互理解であり，説得や相手の行動変容は直接の目的ではない（NRC, 1989）。

　初期のリスク学は "科学的" な意思決定と一般の人々の判断の乖離に悩んだ。その上で様々な方法で一般の人を「説得」しようと試みた（Fischhoff, 1995）。Wilson（1979）が原子力発電所の安全性をピーナッツバターのアフラトキシンのリスクと比較して見せたのもその一つであろう。ここには科学の正しさに対する自信と，形而上学的な価値観に係る問題をやや軽く見るという態度のいずれか，もしくは両方があったのではないかと思われる。今日のリスク学は実際のリスクの大きさと食い違う認知を非科学的であると断定することはしない。あるリスクを大きく認知し別のリスクを小さく認知するには，認知の歪みだけではないある種の合理性があると考えられている（Slovic, 1987）。リスクコミュニケーションはリスク管理における意思決定への住民参加（public involvement）を求め，関係者の相互理解を深めるツールの一つである。

　リスクコミュニケーションはこれを実施する側からすれば，相手の行動変容，あるいはリスクの受け入れへの同意が目標となりやすい。だが，こ

れを目的とすると次第に"効率性"を求めることになりやすく，結局はそれらしい手続きを踏んだ手間のかかる強要になることがあるので注意が必要である。これでは手間と費用がからない分，トップダウンのほうが良いということになりかねない。リスクコミュニケーションは，事前，あるいは決定後に話し合いをもつという手続きではなく，トータルなリスクガバナンスの中に位置づけられるべきものである。すなわち，リスク評価，リスク管理のそれぞれの過程のなかにステークホルダーの参加が求められるべきものなのである。

BOX.9-1

自然科学者は自信たっぷり

　一口に専門家といっても自然科学系と社会科学系では異なっているようだ。Goble（2021）はアメリカで 1993 年に行われたあるサーベイを紹介して以下のように考察している。質問の内容は「もし，リスクが十分小さければ，社会において個人の合意を得ることなく，そのリスクを取らせてもかまわないと思うか？」であった。これに「同意」，もしくは「強く同意」と答えた回答者の割合は，技術系や物理科学系の専門家で有意に高かったという。自然科学系の研究者は「リスクが十分小さければ」の部分で自動的に YES となるが，社会科学系の研究者は「個人の合意を得ることなく」のところにひっかかるのだという。Goble は，自然科学系の研究者はリスクの社会的側面をあまり重視しないように見えると述べている。そして，これからますます科学的，合理的な説明責任が求められるようになるだろうが，国民の専門家に対する不信の根源にあるのは，出される情報の不足や不正確さではなく，専門家が国民の心配や関心に無頓着なことなのではないかと議論している。

クライシスコミュニケーション

　リスクコミュニケーションと類似のものにクライシスコミュニケーションがある。クライシスコミュニケーションとは危機に直面した際の"コミュニケーション"であり，たとえば台風が迫っているときに避難を呼びか

けるようなものがこれにあたる。クライシスコミュニケーションを広義の
リスクコミュニケーションの中に含める流儀もあるようだが，両者は全く
性質の異なるものである。リスクコミュニケーションは基本的に双方向の
コミュニケーションで民主的な手続きが担保されているかどうかが非常に
重要だが，クライシスコミュニケーションは現に危機が迫っている状況に
おけるものであり，コミュニケーションというよりは指導に近い。その目
的は説得，行動変容，すなわちどうやって住民や国民を動かすかであって，
情報は一方通行なのが普通である。つまりリスクコミュニケーションは平
時のコミュニケーションであり，クライシスコミュニケーションは非常時
のそれである。

コンセンサスと NIMBY

　初期のリスクコミュニケーションの多くは，廃棄物処分場や原子力発電
所など，不利益施設等の受け入れに関するコンセンサスコミュニケーショ
ンと言われるものであった。目的はとにかく説得して受け入れさせること
である。住民側にしてみれば，仮にそれが国全体でみれば必要なものであ
ったとしても，自分の住む地区に来てほしくはない。いわゆる Not In My
Backyard（NIMBY：うちの裏庭には置かないで）問題が生じる。NIMBY は時に
身勝手や我儘を思わせる用語ではあるが，施設のリスク，住環境の変化，
子どもへの影響，土地の値下がりに加えて風評被害もあり得るため当然の
感情といえる。補償とセットであることもあるが，これが誰もが納得する
水準であればともかく，そうでない場合，なまじコミュニケーションの手
段をとれば住民の中に分断をうむ可能性もあり，相互理解とは程遠い結果
となる。
　コンセンサスコミュニケーションの実施者は，もともと説得のみが目的
であるため，必要以上に安全性を強調するインセンティブを持っている。
これにより"本当に十分安全であるなら要らないはずだ"という理屈で，
緩衝地帯の設置や避難訓練の実施等，下流での対策が不十分となるのであ

れば，"リスクコミュニケーション" の実施はマイナスの結果のみをもたらすこととなる。アメリカの全米研究評議会（NRC）は，「よいリスクコミュニケーションが必ずしも状況を改善するとは期待できないとしても，貧弱なリスクコミュニケーションはほとんど常に状況を悪化させる」と述べているが（1989），すでに決定がなされている事柄を説得されるだけの会議に出席するメリットは住民側にはなにもない。このような手続きは規範的な意味でのリスクコミュニケーションと言えるものではないのである。

　政府や専門家があらかじめ意思決定をなし，それを住民に説得するだけの情報発信を Wynne（1993）は欠如モデルと呼んだ。つまり，大衆は情報や知識が欠如しているので，上から与えなければならないという発想のもとに「説明」を行うのである。だが，こうした方法は民主主義の歴史の古い欧米では次第に機能しなくなり，住民参加が求められるようになっていった。「欠如している情報」を丁寧に埋めるなら学習機会になるかもしれないが，プロセスではなく結論のみが伝えられたり，データが都合よく加工されていたり，専門用語を濫用し肝心なところをごまかすような手法が用いられれば，不満が高まるばかりとなる。住民参加は "志の高い政府" がその機会を国民に与えたことにより発展したというよりは，民主主義の成熟にしたがって政策決定側が余儀なくされたという側面があるかと思う。民主主義や住民参加による意思決定の仕組みは，上を向いて口をあけていれば落ちてくるようなものではない。

　ところで日本では政府が意思決定をし，形だけのリスクコミュニケーションを実施して住民を抑え込むという手法が今でも堂々と存在している。筆者が住民として初めて政府が行うリスクコミュニケーションもどきを体験したのは 2020 年から本格運用が始まった羽田空港新ルートに関するものであった。新ルートは，都心上空を低高度で飛行することを許すルートである。これまで，便利であろうことは知られていたが，直下の住民の QOL を大きく損なうものであり，また安全性と騒音への懸念から回避されてきたものである。

　この件について国土交通省は 10 億円以上の予算をかけて「説明」を実

施した。筆者もこの"説明会"なるものに参加したが，会場にはパネルが展示してあり，その説明のために説明員が一人ひとりの住民に同行して独自の見解を述べる形式であった。会場に椅子を設置するなどして一堂に会する形であると，質疑の内容などを通して問題の本質が住民全体に共有される。これを避けるため，できるだけ住民相互に接点ができないように注意深く設計されたものであった。しかも，説明員には専門知識があるわけでもなく，もちろん何の責任もない。元日本航空パイロットの山口宏弥氏は，氷塊の落下リスクについての担当者の説明を「完全に誤った説明」とし，「この件にとどまらず，住民説明会での係員の説明は，国交省が公式に述べていない，事実に反する内容がほとんどで，注意が必要です。国交省がマンツーマンの説明方式にこだわるのは，このように他の参加者に聞かれることなく平気で嘘の説明ができるからではないか，という疑念すら浮かびます」と述べている。この件はもともと国策で意思決定されており，住民説明会は予算消化の手続きとして行われたに過ぎない。したがって，住民の意見を吸い上げる責任を説明担当者に負わせる必要はないのである。筆者はこの件についてアンケート調査を実施したので，そのなかのフリーコメントの一部を BOX 9–2 で紹介する。

BOX.9-2

羽田アンケートで寄せられた声

・子供がお昼寝出来なくて困っています。今すぐ撤回を。（女性，渋谷区）

・自宅で仕事をしています。飛行機が頭上を飛ぶようになって窓を閉めても音が響き，ストレスから欝になってしまいました。（男性，品川区）

・増便が新ルート設定の主たる理由だったのだから，減便している現在は，まず運用しないのが道理ではないか。（女性，江戸川区）

・国土交通省は自分の都合の良いことばかりを述べるのではなく，新空路のデメリットやリスクも明らかにした上で，提案をすべきと考えます。（男性，その他）

・国交省による練馬区ココネリでの説明会は戒厳令下のようだった。協力した区も悪い。（男性，練馬区）

・国の政策とはいえ，住民の意見を十分に聞いて決めるのが民主主義。政権についているから何をしてもいいということにはならない。（男性，渋谷区）

・安心安全な日常を取り戻したいです。毎日が拷問のようで精神的にもこれ以上は耐えられません。羽田新ルートは中止して下さい。（トランスジェンダー，板橋区）

・住民の「危険・怖い・うるさい」の声に対して「事故0をめざす」や「騒音低減を勧める」などごまかして対応を怠っている。（女性，その他）

・自宅や子ども達の小学校の真上300mほどを低空飛行している。子ども達は耳を塞ぎ，落下物を心配しながら帰宅している。（女性，品川区）

・病人を自宅介護していて，転居も出来ない。（男性，渋谷区）

・飛行機の需要がコロナで大幅に減っても，専門家が危険を指摘しても強行したまま減便すらないのはなぜなのか説明してください。（女性，中野区）

・国は，2000年代に入り「オープンスカイ」などというイメージ先行の言葉で，その意味するところを国民に十分知らせて議論することもせず，国民にとって非常に重要な国際空港のあり方について決定してしまった。（男性，港区）

・江東区の荒川沿いは縦長で中央区に近い側の地域では騒音が聞こえづらいが，荒川沿い地域の騒音は酷い。（男性，江東区）

・羽田新ルートを決めるプロセスが余りにも無茶で驚かされた。これがきっかけで政府の施策を疑わしく思うようになった。（男性，その他）

・環境影響の検証もせず「説明会は説明する場所であって意見を聞くところでない」との態度に終始。（男性，品川区）

- ・新ルートと同じ時間帯に自衛隊機も飛ぶ事の説明は住民にはなかった。最近飛行機よりヘリコプターが毎日飛んでうるさい。（女性，港区）
- ・「一度決めたら後戻りできない」という姿勢ではなく，国民の安全・安心に大きな危険を及ぼす恐れのある施策はぜひ見直す勇気をもってほしい。（男性，目黒区）

民主主義と多様性

　意思決定における民主主義の重要性はいまさら繰り返すまでもない。だが，独裁的な意思決定は効率性が高く，国家だけではなく小さい組織においても十分人を引き付ける。とりわけ，その結論が利害関係者を含む多くの人にとってメリットがある場合，しばしば民主的な手続きは割愛され少数意見はその合理性の如何にかかわらず議論の俎上に上らないのは日常的にしばしば経験することである。特に長く採用された方法を維持する場合には（それが多様性を必ずしも担保しない場合であっても）その慣性力は強い。ただ，仮にその解のほとんどが最適なものであったとしても，こういった安易な意思決定を繰り返していれば，民主主義はそれが真に必要な時にも働かない。民主主義のコストとはそうしたものである。結果として，5人の子どものうち1人だけが5人分のランドセルをもつことを1対4で可決するような"多数決"が民主主義に置き換わる。規範としてのガバナンスの概念は，リスクガバナンスに限らず，こうした独裁や多数決を否定し，広く多様な人々の意見や暮らしを尊重するものであるが，そのコストを不断の努力で払い続ける覚悟がなければ維持できないのである。

　ところで住民参加や多様性の尊重は人権にかかわる概念であり，リスクに関するイデオロギー，すなわち自己決定の権利を大きくしたい自己責任派なのか，パターナリズム的大きい政府派なのか，には無関係であることに注意が必要だ。一般に他人の干渉を最小限にしたい自己責任派のほうが意思決定過程への参加との相性がいいように思えるが，政府の強い規制を望む人々も，どういった規制が望ましいのかの意思決定には民主的な手続

きが必要であることに異論はないだろう。つまり，民主主義や多様性の尊重，そのコストを支払い続けることについてはイデオロギーによる無用な対立は避ける努力が必要である。

　なぜマイノリティーの意見を尊重すべきか。それは，ほとんどの人が何らかの意味でマイノリティーである，あるいはなりうるからだ。たとえば緊急時の対応を考える際，外国人や日本語の通じない人はマイノリティーであろう。日本は多数の外国人を技能実習生として受け入れているが，その人たちの人権や involvement には冷淡な国であり，国際的な非難が高まっている。だが，自身にしても仕事や留学で海外に滞在することはありうるわけで，滞在先ではマイノリティーだ。高齢者，組織の中で働く女性，病人や，アレルギーのある人，ペットの飼い主……人には様々な属性があり，だれかと全く同じ人は一人もいない。したがって，個人にとってのリスクシナリオは人の数だけあり，"一般人"向けの制度や規制には多くの穴があることを理解しなければならない。

BOX.9-3

ほとんどの人がマイノリティー

　アメリカで 1966 年から長きにわたって放映された人気ドラマシリーズ「スタートレック」には 5 人の艦長が出てくる。5 人に 4 人は男性で，5 人に 4 人は白人。5 人に 4 人はアメリカ出身で 5 人に 4 人はペットを飼っていない，という設定になっている。だが，アメリカ出身の白人男性でペットがいない「一番普通の人」は初代のカークだけだ。2 代目のピカードはフランス人で，3 代目のシスコは黒人，4 代目のジェーンウェイは女性で，5 代目のアーチャーは犬を飼っている。ちなみにカークはただ一人の女好きだ。

　自主自律自己責任を標榜する自由主義者は，つねにマイノリティーの自由と権利を尊重しなければならない。誰もが何らかの意味でマイノリティーであるからだ。マイノリティーの権利を侵せば，やがて自分の自由も侵されることになるだろう。

10. 意思決定における科学の役割

評価と管理の分離

リスク学は意思決定にあたり，問題の科学的な評価と，政治的な決定とを分けることを要求している。アメリカの全米研究評議会（National Research Council; NRC, 1983）によるリスクアセスメントの指針のなかでそのコンセプトが明確に示されている。すなわち，

・科学的側面（形而下の問題）

科学的で客観性が高いリスクアセスメント

・管理の問題（形而上の問題）

政治的な判断や価値観，たとえば公平や正義などの概念を含めた総合的なプロセス

意思決定において科学的な評価の重要性は繰り返し強調するまでもない。科学的な評価がなければ適切なリスク管理をすることはできない。だが，リスク管理やそのための政策決定は，古典的な意味で"科学的"なものではない。意思決定や判断は，科学，たとえば人的被害の見積もりや，効率的な資源配分といった客観指標だけで決まるものではなく，公平性や民主主義といった，価値観や時にイデオロギーにも左右される。社会がリスクを選択するということは，社会の在り方自体を選択することであり，その選択は科学の産物ではない。このリスクの選択は，具体的には，どのリスクに着目するのか，リスクのエンドポイントをなにになにするのか，どの程度リスクを抑えたいのか，といった目標の設定に現れる。ある事象に関してたとえば，死者数をへらしたいのか，それとも損失余命を小さくしたいのかによってとるべき対策は異なってくる。科学的な方法論は目標設定とは別の話である。ただ，短期的な目標については，科学的，合理的な範囲で決定されなければならない。できない目標を設定して精神論でおしすすめれば，インパール作戦よろしく意思決定に無関係な人々に多くの犠牲を

強いることになりかねない。フィジビリティー，リスク，人的・金銭的資源状況などの現状把握を行い，実行可能な目標の選択肢を示すのもまた科学の役割であろう。リスク問題における意思決定とは目的を設定すること（Goal setting）とその目的を追求すること（Goal seeking）の両方が含まれる。この二つのことは次元も方法論も異なっている。ここを混同すると「科学が重要なのか，倫理や価値観が重要なのか」という無意味な議論にいきついてしまう。リスク学は形而下の視点と形而上の視点を両輪とするメタ科学なのである。

　さて，NCR が科学的な評価と意思決定を分けることを求めているのは，科学の部分が政治的な目的に侵されるのを防ぐためである。たとえば，ある主体が施設や構造物を設計するにあたり，事前に環境アセスメントをするとする。もし，意思決定をする主体や機関と，評価をする主体や機関が同じであったり，または請負関係にあったりする場合，評価者はあらかじめなされた決定に矛盾しない"アセスメント"を出すインセンティブをもつ。これでは評価の客観性は失われ，そもそも実施する意味がない。したがって，評価をする人や組織とそれをうけて意思決定を行う人や組織は全くの独立であることが好ましい。

コミュニケーションにおける科学の重要性

　リスクの管理やガバナンスは，異なる立場や価値観の人が，双方向に意見交換をしながら方針を決定していくものである。このコミュニケーションの基本となるのが，科学的データや理論の共有である。もちろん同じデータをもっていたとしても，立場が異なれば導かれる戦略は異なる可能性はある。ここをお互いに理解しあいながら時に譲歩し，ときに取り引をしながら方針を詰めていかなければならない。間違ったデータを基にしたものや，合理性や科学を無視した議論をすることには意味がない。

　双方向のコミュニケーションではなく，なされた意思決定を伝えるだけのリスクメッセージであっても，受け手の理解や行動変容を促すためには

科学的な根拠に基づいた情報の伝達がきわめて重要である。結論のみを伝え，そのプロセスや根拠を十分伝えなければ，仮にそれが妥当な方針であったとしても理解を得るのは難しい。専門家がこう言っている，というだけでは十分な根拠にはならず，その専門家がどのようなデータや理論に基づきその判断に至ったのかを詳らかにしなければならない。そうでなければ，命令と変わらず，不信感を増大させるだけとなる。あるいは実際には科学的根拠などもともと存在せず，思い付きで決めたものを，科学の権威をつかって押し付けているだけなのではないかとの疑念を抱かせることとなる。もっとも，専門家の有する知識や情報を，一般市民や別の分野の専門家に分かりやすく説明するのは，しばしば容易ではない。利益や価値観の分岐点となるもっとも重要なポイントにおいて，高度に専門的な話を展開して"煙に巻くという手法"もないではない。つまり，コミュニケーションの土台となる科学的知見の共有には，伝えるための技術も必要となってくるし，なにより相手に対する信頼と誠意が必要になるのである。

　ところで，情報は加工次第でいくらでも印象を操作することができる。同じデータであっても，グループの括りや分母の操作，またグラフの示し方によっても印象は変わる。たとえば，高齢ドライバーによる事故の件数が増えているように感じるが，それは近年高齢のドライバーが増えているからであり，免許保有者あたりの事故数では 20 代のトライバーのほうが多い。だが，数が増えれば高齢者の方がより危険であるように感じるものだ。東京 2020 オリンピックの開催前の 2021 年 7 月，政府はそれまでに入国した関係者の PCR 検査の陽性率は，0.04％であったと発表した[9]。これは約 7 万 7 千件の検査数あたりであるが，政府は開催前，関係者に対しては「頻回な検査」を行うと表明していた。仮に一人当たりの検査数が平均 10 回であれば，参加者数あたりの陽性率は 0.4％となる。一人当たりの検査数が平均で何回となったかは発表されていないが，分母を変えるだけで

9）7 月 21 日付読売新聞オンライン https://www.yomiuri.co.jp/olympic/2020/20210721-OYT1T50238 / (L.A. 2021/07/22)

ずいぶんと印象が異なるものである[10]。アンケートに至っては，質問の設定の仕方によって望む方向に回答を誘導することは，それほど難しくはない。データや情報は，結論を誘導する目的や，時にセンセーショナルに興味を引く目的のために，様々に加工される。本来科学的であるべき評価の分野に，それ以外の思惑が影響を与えるのである。

　繰り返すが，リスクの評価機関は政治的に中立であることが好ましい。本来リスクコミュニケーションの際に中立性を欠くデータを出せば相互の信頼関係は損なわれる。だからこそ，リスクコミュニケーションの第一の目的を相手の行動変容ではなく，信頼関係の構築に置くことに意義があるのである。現状で「分からないものは分からない」，「できないことはできない」，という事実を共有しなければ，次の一歩はふみだせない。だが現実問題として，世界には「間違ってはいないが正しくもない」情報はあまた存在している。我々はデータを見る時には十分注意深くなければならないし，それなりの訓練も必要となる。

科学は代理戦争の戦場となる

古典的なリスク問題

　たとえば，食物中の残留農薬や，化学物質の規制などは，評価の方法が一定程度確立しており，少なくとも専門家の間ではコンフリクトは比較的少ない。様々な安全基準が国によって異なるのは，価値基準の違いなど様々な要因があるが，単に，環境や生活習慣の違いなどによって予想される暴露量（ばくろ）が違う場合もある。たとえば，日本のように米を主食とする国であれば，米の安全基準は厳密な調査の上に決める必要がある。十分安全でなければならないが，あまり厳しくても費用が跳ね上がり生活に支障がでる。逆にあまり米を食べない文化であれば，基準は緩くても厳しくてもど

10）9月9日時点での五輪・パラ関係者の7月1日以降の陽性者は計863人であった。これは感染第一波ピーク時の東京の最大感染者数の5倍以上で，五輪延期が決まった時点での都の累積感染者数よりも多い。

ちらでも構わない。ほとんど食べないなら甘い基準でも暴露は小さいし，逆に厳しい基準を設定して流通量が減ったとしても経済的影響はほとんどない。

　一方，複雑で不確実性の高いリスク問題の場合は，専門家の間でも意見が一致するとは限らない。同じ証拠やデータを錯誤なく理解できる者同士でも，合意に至らないケースは稀ではないのである。不確実性の評価が異なることはしばしばあり，またリスクに対する姿勢，すなわち積極的にリスクを取るタイプか取らないタイプかなどの嗜好の違いにもよる。だが，こうした場合でも，論争はしばしば「科学」のフィールドで行われる。背後の思惑や思想の違いを前面に出すのを嫌うのである。Schwarz et el., (1990) は，原子力発電所建設是非をめぐる論争の研究で，専門家の間でも意見の対立はよく見られるが，多くの場合，彼らの間にはより本質的な価値観の違いがあると分析する。このような場合でも，両者とも自分の意見を裏付ける「科学的」リスク評価をそれぞれ根拠とするのである。論争が科学的な形をとるのは，価値観に基づくものでは普遍性はないが，「科学的に正しい」のであれば反論を許さないからである。しかし，科学は手段であり方法論である。科学的意思決定が絶対的に正しいのはその目的に合意が得られている場合に限られる。手段が正しければ目的そのものが正しい，という議論は成り立たない。だが，科学の客観性を装って，相手を封じるような議論が展開されるケースは稀とはいえない。

　ある方針について合意が成立しない場合，科学的な評価が不十分だから合意に至らないのか，あるいは不確実性の評価が分かれているのか，それともそういった点は一致しているが価値観や利益の配分の点で意見が異なっているのかは，全く次元が異なる問題である。両者を分けて議論を行えば必ず合意に至るというわけではいが，区別せずに行う議論は，結局力関係のみで終結せざるを得ない。

　科学の役割とは何かという議論は，リスク研究では避けて通れない。欧米のリスク研究では，「科学の役割」はトピックの一つであり，これを正面から扱うが，日本ではあまり盛んであるとはいえない。科学の役割とそ

の適用限界について普段から議論しておくことは重要である。なぜなら，どのリスクをどの程度許容するかという意思決定は，文化や価値観を反映するがゆえに，国際舞台でのコンフリクトの元となる可能性があるからである。

予防原則

予防原則とは，複雑で不確実性が高く，結果の予想が困難であるようなシステミックリスクや，未だ顕在化しないが，大きなリスクがあるかもしれない新興のリスクなどに関する意思決定に用いられる概念である。もともとリスク学は，リスクを回避するため，つまり予防としての管理を行うためのものだが，予防原則はこうした（少なくともアセスメントの段階においては）科学的なリスク管理とは異なり，リスクがあると確信をもたらすだけの十分な根拠に欠ける場合でも，予防的にリスクを回避することを決定するものである。この概念は旧西ドイツの環境政策で生まれたとされるが，原語の“Vorsorgeprinzip”は，環境破壊が起こる前に対策をすることを意味している。

1992年の地球サミットにおける「リオ宣言」には，「予防的アプローチ(Precautionary approach)」という言葉でこの概念がとり入れられている（BOX. 10-1）。

地球環境の変化や生態系の破壊といった問題は，問題が顕在化するのが遅いうえ因果関係の解明にも時間がかかる。十分なエビデンスの出現を待つと対策が後手に回り，環境に重大で不可逆的な影響を許してしまうかもしれない。「何らかのリスクがあるという十分なエビデンスがない」ということは，「リスクがない」ということと一般には同義ではない。

リオ宣言　第5原則

　環境を守るためには，予防的アプローチが広く適用されなければならない。深刻な，あるいは不可逆な被害の恐れがある場合には，完全な科学的確実性の欠如が，環境悪化を防止するための費用対効果の大きい対策を延期する理由として使われてはならない。

出典：国連環境開発会議（1992年）

　さて，リスク対策には，別のリスクの発生も含めたコストがかかると述べた。通常のリスク管理はこのコストとリスク削減の便益を比較して決定するが，特に不確実性が大きい場合，この決定にまつわるエラーは二つある。一つは，実際にはそれほどリスクがないのにリスクがあると誤った判断をし，過剰なコストをかけてしまう場合（Type1 エラー），もう一つは実はリスクが高いのに，十分な対策をせず，危険が拡大する場合（Type2 エラー）である。

表 10-1　Type1, Type2 エラー

	リスクが高いと考える（対策をする）	リスクは低いと考える（対策をしない）
実際に危険が高い	○	Type2　エラー
実際に危険は低い	Type1　エラー	○

出典：岸本充生（2003）。リライトの責任は筆者。

　予防原則は通常のリスク管理に比較して Type1 のエラーより Type2 のエラーを重く見る。対策をせずにリスクにさらされるのを確実に避けようとする一方，リスクがほとんどない場合に，あると誤認してコストをかけて対策をすることは容認するのである。つまり，現状で手に入る情報に基づく，資源の最適配分とは異なる解を求めていることになる。したがって，この適用には十分な検討と合意が必要である。そうでなければ，「科学」と「予防」の間で論争が起きる可能性があるからだ。たとえば，欧州と米

国では遺伝子組み換え作物や，肉牛へのホルモン剤投与への予防原則適用をめぐって貿易論争がおきたことがある。欧州はこれに予防原則を適用し，域内で禁止していたため同様の規制を米国からの輸入食品にも適用しようとしたが，米国側はこれを非科学的な貿易障壁であると主張したのである。この論争は WTO に持ち込まれ，上級委員会は，「輸入禁止措置は SPS 協定第 5 条 7 項に基づく限り適法ではあるが，今回はそのケースにあたらない」との判断を示し，欧州側の主張を退けている。

　コストのなかには別のリスクが含まれることもある。たとえば新しい技術の導入を遅らせることによって放置されるリスクが，回避されるリスクよりも大きいかもしれない。Miller & Conko（2000）は，「もし 100 年前に予防原則があったら，ポリオのワクチンや抗生物質の使用は延期されていたかもしれず，その間に多くの死者がでたかもしれない」と皮肉っている。この予想が正しいかどうかは検証のしようがないものの，むやみに適用することへ警戒は必要だということである。ちなみに，2021 年の「東京2020」は予防的に回避されることはなかった。

　リオ宣言のなかに「費用対効果の大きい対策」との言葉が入っているが，これが単に「対策」ではなく，「費用対効果の大きい対策」としてあるところに，苦心のあとが伺える。「予防」の考え方は示しているものの，本当に費用対効果が十分大きい対策であれば，予防原則を持ち出さなくても実施可能なはずである。あえて「予防原則」ではなく，「予防的アプローチ」としたところにも，駆け引きの跡が見え，この考え方の適用には様々なコストを勘案した慎重さが必要であることが読み取れる。それでも，「予防」を明文化していることから，費用対効果で完全に正当化できない場合であっても，対策実施の検討が必要であるという趣旨も同時に読み取れるのである。

　「予防原則」は洗練された科学的ツールとは言い難く，安易に発動されるべきものではない。また欧州圏以外では「原則」として扱われるケースは多くはない。だが，全くの非科学というわけでもない。地球規模の気候変動のように，きわめて不確実性が大きく，甚大で引き返すことができな

い影響が考えられるリスクについては，これを予防的に回避するという考え方には説得力がある。「費用対効果の大きい対策」，少なくとも〝ノーリグレット〟（→ Note）の対策を実施することを妨げる理由はないと考えられる。

Note：ノーリグレット ポリシー (no-regret policy)

後悔しない政策，と訳されることがある。これは後悔しないように，事前に最大限のリスク抑制策を実施するということではない。これは「どのみち後悔しない政策」，つまり，リスクがあってもなくても，やったほうがいい対策を実施することを意味する。いわばコストがゼロもしくはマイナスの対策ということになる。たとえば，白熱灯を LED に変えると温暖化ガス排出も少なくなるが（火力発電の場合），電気代も抑えられる。温暖化が二酸化炭素由来であってもなくても，電気代が安くなるのなら交換しても後悔はしないであろう。

11 [コラム] 事例研究 COVID-19

（この原稿は 2021 年 8 月現在のものです）

席を間引くなら，対面を避けて 1 つ，ずらしてくれればいいのに……
（空港で 2020）

世界に広がる感染症

2019 年に中国で初めて確認された，新型のコロナウイルス（SARS-Cov-2）による感染症 COVID-19 は瞬く間に世界に広がり，翌 2020 年 3 月には WHO がパンデミックであるという認識を示した。その後も変異を繰り返しながら拡大し，2021 年 8 月には，世界で確認された累計感染者数が 2 億人を超えた。WHO（2021a）によれば，死者数は 2021 年 8 月 8 日までの累計でおよそ 430 万人である。

COVID-19 禍はいくつかの点でシステミックリスクの特徴をもっている。すなわち，非線形，時間の遅れ，他の分野への影響の波及，複雑性および不確実性の高さである。まず感染者数，死者数の変化は明らかに非線形である。感染はポジティブ・フィードバック構造をもっており，感染拡大は指数関数に従う。すでに述べたが，指数関数は，初期の段階では変化が小さく見えるが，急速に立ち上がるところに厄介な特徴をもつ。インドのチェスの逸話（→ BOX 2-3 参照）のように，指数関数的変化は直感的には理解しがたく，初期の状況を甘く見て対策が後手にまわりがちとなる。

日本はこれまで，何度か変異型のウイルスによる感染拡大の山を経験しているが，2021 年 5 月頃日本に第 4 波の感染の山をもたらしたアルファ変異株が国内で最初に確認されたのは 2020 年の 12 月である。同じく

2021年8月ごろ大きな感染の山をもたらしたデルタ変異株が確認されたのは同年の4月初めの話であった（日本におけるCOVID-19禍の経緯をFig.11-1にまとめる）。規制や，その緩和の影響も同様に一定時間ののちに現れる。第1波終息後に実施されたGoToトラベルキャンペーンや，2020年11月頃実施された入国規制などの影響も，時間の遅れや暴露経路の複雑性などのため，政策と感染拡大との因果関係については未だ一致がみられない。複雑で非線形なリスクは，"単回帰・直線的思考"ではまず摑めず，また注意深い分析をしたとしてもエビデンスが目に見える頃には手遅れになるか，被害や対策費用が跳ね上がる。時にその"費用"の一部は人の命で贖われる。

　感染拡大から重症者の増加，死者の発生までの「時間の遅れ」も一時的な楽観材料を提供し，対応の遅れにつながる。2021年8月現在，先進各国ではワクチンが広く接種されており，日本でも8割を超える高齢者が2回の接種を終えている。五輪とともに日本では感染が急速に広まったが，当初ワクチンのおかげで重症者数，死者数は限定的であると期待されていた。これまで重症化が見られたのは主に高齢者であり，高齢者の多くは接種を終えていたからだ。だが，楽観的期待は裏切られ，8月末現在重症者は急拡大し，事実上の医療崩壊が発生している。令和の日本において，救急車を要請しても搬送先がないという理由で帰ってしまうという事態がおこったのである。こうした状況はコロナ感染者だけではなく，他の病気で医療を必要としている人の命をも危険にさらす。医療だけをみても，コロナはコロナだけの問題ではなく，そのしわよせは他の疾患の患者におよぶ。

　経済への影響は誰もが気づきやすく初期から心配されていた。先進各国ではワクチン接種が進んでいるが，WHO（2021b）によれば2021年5月現在，ワクチンの75%がわずか10カ国で消費されている。貧しい国ではワクチンどころか酸素といった基本的な医療資源も不足していると報じられている。経済がグローバルに繋がっている今，新興国や相対的に貧しい国々の問題はそれらの国々の中の問題に留まらない。製造業であれば，一つのボトルネックでサプライチェーンに影響が出る。また，食料の多くを

輸入に頼る我が国では，もし生産国で感染が拡大すれば他人事ではない。各国がそれぞれの状況に合わせて感染症対策を取ることは当然ではあるが，世界的なパンデミックにおいてはグローバルスケールでの最適化も重要な課題である。

　新興国のみならず，豊かな国々であっても経済への影響は深刻であった。OECD（2021）によると，2020年の加盟国内のGDP成長率は−4.79％で，これは世界全体の−3.46％と比べても，リーマンショックによる金融危機の際の−3.37％（2009年）と比較してもマイナス幅が大きい。特にスペイン（−10.84％），イギリス（−9.85％）イタリア（−8.93％）など欧州のいくつかの国々では影響は深刻であった。一方で，早期に感染を収束させた中国は，2020年にはプラスを確保していたため，先進各国は感染の収束に躍起になった。感染対策や経済対策のための財政支出は世界的に拡大しており，今後のインフレリスクもゼロとはいえない。

　より対応が遅れがちなのは，社会的，身体的弱者への影響と格差の拡大である。災害による被害は身体的・社会的に弱いものに集中する。COVID-19禍もこうした災害の例にもれず，もともと弱いものをより苦しい立場に追い込んでいる。これは日本だけではなく世界的にみられる現象であり，国家間でも，またそれぞれの国の国内においても，格差を顕在化させ拡大させている。高所得国においても同様で，ユニセフは，高所得国はCOVID-19パンデミックのような大規模な健康危機で，特定疾患による死亡率の上昇や，人の移動制限，あるいは学校の休校といった状況には慣れ̇て̇い̇な̇い̇と指摘している（Richardson et al., 2020）。そのため，医療のみならず福祉や教育などに負荷がかかる結果となったと述べている。先進国のいくつかの国々で実施された学校の休校は，子どもたちの学習機会を奪い，子どもの精神的な健康に大きな影響を与えた。当の子どもたちだけでなく，子どもをもつ親，特にシングルペアレントや共働きでリモートワークに切り替えられない職種の親たちに経済的，精神的な苦痛を強いる結果となった。

　ワクチン接種についても「弱者」が存在する。ワクチン接種には年齢制

限がある。また，医学的に受けられない人，および，免疫不全でワクチンによる抗体ができにくい体質の人も存在している。アメリカ疾病対策予防センター（CDC）は，2021年7月にマサチューセッツで発生した集団感染の分析により，ワクチン接種済みの感染者のPCRサイクル閾値（Ct値）は未接種者と変わらなかったと報告している（CDC, 2021）。Ct値は，検体を提供した人がもつウイルス量と相関するため，ワクチンを打っても打たなくても，感染した場合のウイルス量に大きな差はない，言い換えれば他人に感染させる確率がそれほど変わらない可能性が指摘されたのである。CDCはSARS-CoV-2ウイルスに対するワクチンの効き目について断言するには情報が十分でないとしているが，もしワクチンで発症が抑えられる一方で他人に感染させる力がそれほど落ちないとするなら，ワクチンは感染に無自覚なスプレッダーを人為的に作っているということになりかねない。全員が同時にワクチンを完了し，かつ抗体を手に入れられるならよいが，体質的，年齢的にワクチンを受けられない人々にとっては，ワクチン普及で感染リスクが上がることも考えられる。無症状感染者の海をなんの盾もなく渡ることになるからである。このような中，各国は“ワクチン証明”を利用して経済の正常化を目指している。ワクチンを受けられない人々には検査による陰性証明を義務付けるということである。だが，仮にCDCが懸念するように，ワクチンは発症・重症化予防効果はあるものの，他の人を罹患させる力は未接種者と大きく変わらないのだとすれば，ワクチンを打つのは主に自分のためとなる。一方，出かける前に検査を行うのは，自分のためではなく他の人にうつす確率を下げるためである。この二つは機能が異なっており，代替できない。各国はワクチン証明の発行を機に，検査を有料化する動きであるが，これはワクチン弱者を社会的にも身体的にも追い詰める結果となるだろう。

バーンズテーブルの夏祭り

2021年7月，マサチューセッツ州バーンズテーブル郡で行われた夏のイベントで469名のクラスターが発生した。感染者の74％にあたる346名はイベントの段階で完全なワクチン接種（Pfizer-BioNTech または Moderna の2回接種，または Johnson & Johnson の1回接種）から2週間が経過した人々であった。感染した346名のうち，症状がでたのは274名（79％）で，ゲノム解析の結果9割がデルタ型変異ウイルス（SARS-CoV-2 Delta variant），以下デルタ株と同定された（CDC, 2021）。

システミックリスクの特に難しい点は，その不確実性の大きさである。感染症は人類が過去に何度も経験しているが，その特徴はウイルスや細菌のタイプによって様々であり，求められる対策も異なる。今回のCOVID-19であれば，従来株とデルタ株では感染力等の特徴が大きく異なっている。また南米で多くの死者を出し，日本でも確認されたラムダ変異株，ミュー変異株については現時点で未知のことが多い。SARS-CoV-2は変異のスピードが速く，今後の変異によっては，初期型に対して開発された現在のワクチンの効き目が弱くなる可能性も懸念されている。またワクチンの効果は時間とともに低下することも指摘されており，国によっては3度目のワクチン接種（ブースター接種）が始まっている。ブースター接種は，世界にふんだんなワクチンがあればよいが，一部の国々にワクチンが偏る結果となることは感染抑制の観点からも，グローバル経済の健全性の観点からもリスクはあると考える。ワクチン接種が遅れた国をボトルネックとし世界経済全体に影響を与えるかもしれないし，また感染爆発のなかでワクチン接種が中途半端にしか進まない国があれば，そうした国々でワクチンが効きにくい変異ウイルスが出てくる可能性も否定できない。不確実性の大きいリスクに備えるのは難しい。あらゆるリスクを想定すれば空振り率が高くなるかもしれないが，逆にエビデンスを待っていては手遅れとなる。

システミックリスクの難しさは，リスクコミュニケーションの難しさにも直結する。「時間の遅れ」はGoToトラベルや五輪といった大規模な政策やイベントの影響を見えにくくし，その是非をめぐって国民を二分する。因果関係が明確でないリスクへの対応には古典的な科学ですべて解決するわけではなく，価値判断をともなう意思決定が必要となる。こうした状況のなかでリスクコミュニケーションを怠れば，仮に結果として政策がうまくいったとしても，不信と分断が残る結果となりかねない。

　上記の点をふまえて，ここでは一斉休校，GoToトラベル，ワクチン接種および五輪をめぐるリスクコミュニケーションの日本の事例について考察を加えることとする。

BOX.11-2

人獣共通感染症（雑談）

　仮に人間にワクチン接種が義務化され，その接種率が100%になれば，新たな変異種が出ない限りコロナ禍は終息となるだろう。できるだけ早く日常を取り戻したいものだ。ただ，SARS-CoV-2ウイルスはヒトだけでなく，他の動物にも感染する。ネコの感染事例はあるし，サンディエゴ動物園ではローランドゴリラが感染した。欧州では感染したミンクが大量に処分されたこともある。元々が蝙蝠から来たのではないかと言われているウイルスなので，他の動物に感染することは不思議ではない。もし，ワクチンのおかげで多くのヒトが感染しても発症しにくくなり，しかしキャリアにはなるとすると，家ネコにとっては飼い主が，エキノコックスを運ぶキツネのような存在になるかもしれない。キツネはエキノコックスをもっていてもなんともないが，ヒトでは発症するので野生のキツネに触ってはいけない。ネコもヒトに触られてはいけない……？　飼い主も自分が発症すれば嫌でも対策をとるが，無症状であれば普通に生活をするからである。もっと怖い話は，SARS-CoV-2がヒトから動物に感染し，SARS-CoV-?　に変異してヒトのところに戻って来る可能性である。戻ったウイルスにはワクチンが効かないかもしれない。こんな話が素人のタワゴトであることを本当に願っている。

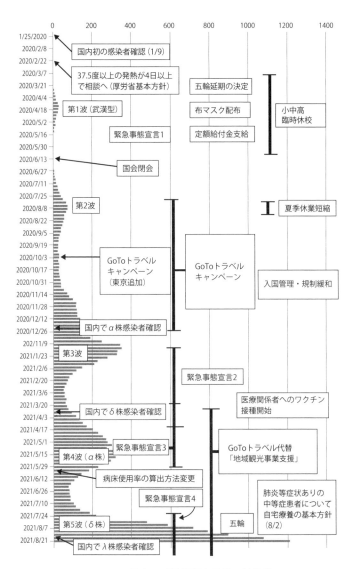

Fig.11-1　日本の感染状況と政策，対策等

縦軸は時系列，横軸は人口 100 万人あたりの新規感染者数（7 日間の増加数）を表している。

Source: 札幌医科大学医学部 附属フロンティア医学研究所 ゲノム医科学部門データベース，Idogawa et al., 2020

学校休校とその影響

　日本において，対策が比較的うまく機能したと思われる第1波であるが，痛恨の政策はある。それは政府による全国の小中学校の一斉休校である。2月末，政府は突然の学校閉鎖を発表し，現場を大混乱に陥れた。全国一斉休校は3月2日から自治体により最大3カ月に及んだが，事前にオンライン授業の環境整備などもなく，子ども達はいきなり居場所を奪われる結果となった。

　疑問点はいくつもある。まず，この時点で流行していた初期型では，子どもの感染率，発症率，重症化率はいずれも極めて低いということがすでに知られていたことである。また，子どもによる学校における二次感染のリスクも低いという報告もあがっていた[11]。にもかかわらず，テレワークの推進や飲食店の時間制限等，他の可能な対策に先駆けて休校が実施されたのである。子どもの感染が低リスクであれば，行われたとしても最後であるべきではなかったか。

　第二に，これは正負両面をもつが，保育園や放課後児童クラブ（学童保育）等，厚生労働省の管轄の施設は閉鎖にならなかった点である。放課後児童クラブは，本来の授業時間中も開室された。前を向いて教諭の話を聞くことが主である授業に比べて，児童クラブは「密」になる。場所の制限から人口密度も高い。これは感染症対策には逆行する。だが，もしこういった施設も閉鎖すれば，シングルペアレントや共働き世帯の児童は一人で家に取り残されることになりかねず，特に低学年の子どもでは到底容認できるものではない。したがってこれらの施設を閉めなかったのは正解だ。だが，そうであれば，なぜ学校そのものは閉鎖なのかという疑問が残る。児童クラブに登録していた学童は，学習機会はともかく，友人関係の和から切り離されることはなかったが，そうでない子ども達は，およそ3カ月

11）こうした報告は当時多数あったが，その後論文にまとめられたものは，たとえば（Fontanet et al., 2021）。学校感染は小学校ではほとんど報告がなかったが，高校ではクラスターが発生したという報告もある（Edmunds, 2020）。

の間，学校の友人とは会えない状態になった。

　第三にこうした状況が子ども達の精神面や学習などにどのような影響を与えるかの検討が事前になされた形跡がないことである。経済的にある程度余裕のある家庭の子ども達は塾に通い，またタブレット端末を使って塾のオンライン授業をうけるなどが可能であった。だが，子どもの7人に1人が貧困であるという日本において，タブレット端末を買い与えられていない，家にWiFiがないという児童・生徒もいるのである。筆者はこの時期「子どもの貧困」をテーマにしたプロジェクトにかかわり，貧困世帯の子どもを支援する団体にヒアリング調査を行ったが，そこで「テレビで『ネットを利用してお家時間を楽しむ方法』などが紹介されると悲しくなる」という感想を述べた子どもの話を聞いたことが今でも心に重い。文部科学省（2021）によると，2020年中における児童生徒の自殺者数は479人（暫定値（令和3年2月5日時点））で，前年比で実に4割も増加している。これをすべて一斉休校のせいだとは断言できないものの，その影響が全くなかったとは考えられない。

　学校を閉鎖したことで社会に危機感が伝わり，その後発出された緊急事態宣言のメッセージがよく伝わった，などと休校を肯定する向きもないではない。だが，そうした主張をする人たちは，その"メッセージ"のために子ども達が支払わされたコストを過小評価している。学校からも締め出され，お家時間も楽しめず，自ら死を選ぶ子まで増加したという事実の重さは決して過小評価されるべきものではない。災害時，無策のコストは何時も弱い者が負わされるが，妙な政策のコストは無策のそれ以上に重い。

　日本では，最初の一斉休校で発生したこの種の問題が比較的重く受け止められ，その後2021年8月現在大規模な休校は実施されていない。だが，従来株と異なり感染力が強く，またエアロゾル感染が主な経路とされるデルタ株の流行の中で，同様の施策でよいのかどうか模索が続いている。日本は先進国中最低の検査率である一方，ワクチンが進んでいけば無症状感染者が増加すると考えられる。前述のように，もしワクチン接種者済みの無症状感染者でも，未接種者と同様に他人に感染させる力をもつとするな

らば，ワクチンを受けられない子ども達のリスクは以前より高まるはずである。だが，2021年夏現在休校は検討されておらず[12]，逆に「パラリンピック」への学童の動員が予定されている。千葉県では広大で風通しのよい九十九里浜が五輪閉幕と同時に全面閉鎖となったが，一方でディズニーランドは可，パラリンピック観戦は可，学校は可である。こうした一連の政策の整合性と合理性を子ども達に説明するのは簡単ではない。

　日本では子どもを使うことの社会的コストは安いと評価されているように見える。そして，様々な都合で安易に利用されるのである。学校休校は，2020年の雪祭りの後，感染が急拡大した北海道で初めて実施されたが，この政策は道民からも国民からも一定程度評価された。中央政府は休校で人気が上昇した北海道知事にあやかろうとしたように見えてならない。しかも子どもに補償は必要ない，つまり政権にとっては常に無料の選択肢である。

　パラリンピックも子どもや現場の意見を尊重したようには見えない。東京都の教育委員会の学校連携を検討する臨時の委員会では，出席した委員全員が反対意見を述べたとされるが，意見が反映されることはなかった（東京新聞web，2021年8月27日付）。パラリンピック観戦の学習効果についてはこれを否定するものではないが，テレビでも可能である。メディアでは組織委員会は「学校連携は急いで考える必要はない。極端に言えば競技が始まる前日に決めたっていい」と言ったと伝えられ（日刊スポーツ新聞，2021年8月11日付）物議をかもしたが，この子どもや現場の都合を考慮しない姿勢は，前年の学校休校の時点から何も変わっていない。一斉休校は2月27日（木曜日）に発表され，3月2日（月曜日）から実施されたのだが，土日をはさんだため準備可能な平日は28日のたった一日であった。

　ちなみに，もし，2020年の一斉休校のメリットが「活動自粛を促す社会へのメッセージ」であったとしたら，パラリンピックへの学校連携プログラムは正反対のメッセージを社会に発する結果となったはずである。

12）誤解を招かないように追加するが，筆者自身は学校の一斉休校に当初から懐疑的である。

GoTo トラベルキャンペーン

　第1波が収束した2020年夏，政府は旅行や観光といったサービスの消費喚起事業である，「GoTo トラベル事業」を開始した。予算規模は補正も合わせて2.7兆円と，肝煎の政策であった。旅行・観光事業は，緊急事態宣言の影響で大きく傷ついた産業の一つである。できるだけ外出を抑えるよう要請されたのだから当然の結果であり，その補償の意味もあったと思われる。一般に旅行は価格弾力性の大きなサービスである。つまり割引などのインセンティブを与えれば，その金額以上の効果が期待されるのである。その意味でこの政策は悪くはなかった。だがそれは感染症が完全に収まっていたら，の話である。

BOX.11-3

GoTo トラベルの割引率は最大でも50％にはとどかない

　GoTo トラベル事業のホームページには「宿泊を伴う，または日帰りの国内旅行の代金総額の1/2相当額を国が支援する事業です。給付額の内，70％は旅行代金の割引に，30％は旅行先で使える地域共通クーポンとして付与されます」とある。これを一読すると，あたかも旅行に関連する費用の「総額の」最大50％が支援されるかのような印象をもつ。だがよく読むと，割り引かれるのは「旅行代金の」50％であり，その条件として「旅行代金の」15％相当の地域クーポンを額面の金額で購入せよという内容となっている。もし1万円の旅行に行って，地域クーポンを使わなければ割引額は35％である。そしてもし1,500円分の土産を，クーポンを使って手に入れた場合は，旅行関連の「総額」は11,500円であり，このうち補助されるのは5,000円であるから，補助額は最大で43.48％である。この43.5％足らずの補助率を「総額の1/2相当額」と表現してはばからないのが日本政府である。

　GoTo トラベルは，安く旅行ができるため多くの人々を惹きつけた一方，何人かの専門家はウイルスを全国に拡散させるリスクを危惧した。人が動けばウイルスも動く。GoTo トラベルが人の移動を促す以上，専門家

が懸念を表明したのは当然であった。Nishiura & Anzai（2021）は、疫学的な分析からGoToキャンペーンの影響を推定し、キャンペーン期間中のCOVID–19症例の旅行関連発生率はキャンペーン前の約1.5～3倍であると結論づけている。旅行者が増えれば旅行に関連した症例が増えるのは自然であるが、問題は副次的な波及効果による感染拡大と、テコとなったもとの政策との関係であろう。これについて政府は「GoToトラベルが感染拡大の主要な要因であるとのエビデンスは、存在しない」[13]との見解を示しているが、一般に「エビデンスがない」ことは「関係性がない」ことを保証しない。特に複雑で非線形なリスクについて、一目瞭然のエビデンスを示すのは困難である。地球規模の気候変動など、"人類の排出する温暖化ガスが主要な原因であるというエビデンスはない"などと主張する人が今でもいる程だ。しかし、ある種のリスクは不可逆であり、あるレベルを超えると引き返すことができなくなる。エビデンスを確定してから対策を打つと、打てる手の数が少なくなる場合もある。こうしたリスクについては、早い段階で予防的に対策を発動するという考え方も必要である。

　Seo（2022）は、「宿泊を伴う移動」の影響についてオープンデータを用いて考察している。一口に移動といっても、買い物や通勤通学など日常的な移動から、旅行など宿泊を伴う長距離移動まで様々である。Seo（2022）は長距離移動の代理変数として宿泊施設の利用者数をとり、これと感染者数との相関を調べている。すなわち、被説明変数を期間中の新規感染者数の県ごとの累計、説明変数を、同じく県ごとの期間中の宿泊者数の合計、各県の人口密度、そして通勤で日常的に越境がある県を表すダミー変数（東京への通勤として埼玉県、神奈川県、千葉県、また、大阪への通勤として奈良県）をとって重回帰分析を実施している。

　計算結果によると、モデルは対象期間中の各都道府県の新規感染者の約66％を説明している。説明変数として統計的に有意なものは宿泊客数のみであり、人口密度は有意ではない。また通勤の影響は、弱く有意傾向であ

13）2020年11月25日、衆議院予算委員会の集中審議

る事が示されている。つまり，宿泊を伴う移動の方が日常的な移動より感染症を広める可能性が高いということになる。したがって全国版の GoToキャンペーンよりは県内移動のみの「地域観光事業支援」のほうが感染抑制的であると考えられよう。逆に多数の人の国際的な移動を伴う五輪を強行したことには疑問符が付くことになるだろう。ところで，旅行者数を考慮しない単回帰分析であれば，感染者数と人口密度の間に相関が出ることがある。これは，ハブ空港や長距離列車の発着駅などの大規模施設が人口密度の高い大都市に集中しており，人口密度が旅行者数の粗い代理変数となるためであろう。

　感染を早くから上手く抑えていた台湾で，2021年5月になって，感染者が急増したことがあった[14]。この原因は，国際線の乗務員の隔離期間を14日から3日に短縮したことであると伝えられている。国際線の乗務員は人口比からいえばほんのわずかである。まさに蟻の一穴だ。この事例は，1300万人もの人がいる東京に10万人程度の五輪関係者がはいったところで誤差でしかない，という言説の粗さを示している。

リスクコミュニケーションと感染症の"国際比較"

　感染拡大のなかでオリンピック・パラリンピックを実施することに疑問をもつ国民は少なくなかった。2021年5月の意識調査では8割近い人が中止もしくは延期を支持していたと報じられている（AFP BB, 2021/5/17）。そのような中の5月9日，3度目の緊急事態措置のさ中，内閣参与（当時）の高橋洋一氏のツイッターが物議をかもした。曰く「日本はこの程度の『さざ波』。これで五輪中止とかいうと笑笑」。これは高橋氏だけではなく，内閣全体の認識であったのではないかと思われる。ほぼ同様の比較は厚生労働省（2020）も2020年10月時点で行っており，日本の感染者は「主要国と比べて低い水準」と主張しているからである。つまり，日本は欧米

---

14) 急増といってもそれまでとの比較の話で人口あたりの感染者数でいえばピーク時でも第4波がピークアウトしていた日本と同程度であった

諸国に比べて比較的感染をうまくコントロールしながら経済も回していると自画自賛していたということだ。確かに高橋氏が挙げたアメリカ，インド，フランスなどと比較すれば感染者も死者数もこの時点では多くはなかった。これは政策の成功なのか，麻生氏が述べたように日本人の "民度が高い" おかげなのかはなんとも言えないが，いわゆる "factor-X" は，免疫機構や人種の特徴など何か別のものであった可能性も否定できない。人種的に類似の factor-X を共有していると思われる東アジアの国々を比較すると，日本は特によくやっているとも，さざ波とも言えない (Fig.11-2)。

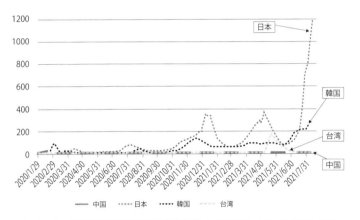

Fig.11-2　東アジア各国の新規感染者数 (7 日間合計，人口 100 万人あたり)

Source: 札幌医科大学医学部 附属フロンティア医学研究所 ゲノム医科学部門データベース．
Idogawa et al., 2020

　感染状況は国によって大きく異なる。わざわざインドやフランスなど感染者が多い国々だけを比較対象とし，"さざ波" のごとく見せることはフェアとは言えない。また日本はここで比較対象にされた国々に比べると検査数が少ないため，報告感染者数で比較する事も妥当とはいえない (Fig.11-3)。

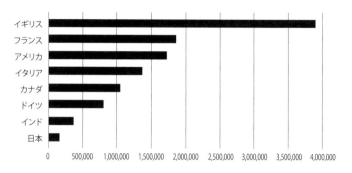

Fig.11-3　各国の人口 100 万人あたりの検査数

2021 年 8 月までの累計の検査数を人口で割ったもの。
100 万人あたりの検査数が 100 万を超えている国では平均で一人 1 回以上の検
査を受けていることになる。

Source: Worldometers データベース

　こうした数字上のトリック以上に問題なのは，比較する意味のないも
のを比較しているという点である。五輪の主催都市は東京と決まってい
る。もし，① 今から開催都市を選べる，② どうしてもどこかの国で実施
しなければならない，のであれば国同士を比較する意味もあろうが，東京
の感染者数がさざ波であれ津波であれ，東京以外のところで実施すること
はできないし，どこかで五輪を絶対に実施しなければならないわけでもな
い。東京が日本の中では相対的に "津波" であったとしても，たとえば鳥
取で五輪ができるわけでもない。つまり，比較すべきは「東京で実施する
リスク」と「その便益」であり，無関係な地域と比較する意味はないので
ある。さらに，感染症はその指数関数的特徴から，それまでほとんどない
ように見えてもわずかな期間に急速に立ち上がることもある。たとえばベ
トナムは 2021 年 4 月ごろまで一日あたりの感染者数は一桁であったが，8
月末には 1 万人を超え急拡大している。その時点で「さざ波」であること
は，3 カ月後も「さざ波」であることを保証しない。つまり，感染による
被害が大きかった国々を選んで比較すれば，その時点における日本の感染
状況が抑えられていたのが事実であったとしても，これをもって「これで
五輪中止とかいうと笑笑」とは言えないのである。たしかに，リスクの世

界でも原発の安全性をピーナッツバターのアフラトキシンと比較してその安全性を印象付けたという歴史はある。だが，この比較で原子力発電所は安全だと納得した人は多くはなかった。

リスクコミュニケーションを阻むデータの魔術

　厚労省や高橋氏のデータ使用方法はミスリードではあるが，その方法は単純である。データはより巧妙に"結果として"操作されることもある。たとえば感染ステージの判断のための重要指標であり，国民の関心も高い「病床使用率」の定義を政府は 2021 年 6 月 4 日に変更している。それまでは，コロナ専用病床を分母とし，専用病床に空きがないなどの理由で一般病棟に入院中の人や入院が決まった人なども含めて分子としていたが，分子を実際に専用病床に入院中の人だけに変更した。この変更で，それまでしばしば 100％を超えていた病床使用率が 100％を超える可能性はゼロとなり，見た目の与える危機感がかなり薄れた。政府は指標を変更した一方，指標を利用したステージ判断の基準は変更しなかったため，この変更により感染ステージは上がりにくく，下がりやすくなった。東京都によると 2021 年 8 月 24 日現在，東京都内で入院調整中のコロナ患者は 11479 人であるが，都の病床使用率は確保病床数 5967 床のうち 68％と余裕があるかのような印象となっている。実際には救急車を要請しても受け入れ先がなく，そのまま救急車がもどっていくという事態が発生していたのが実情であるが，数字からはこれが読み取りにくい。こうした指標の定義の変更は他の統計でも時々行われるが，素人目には分かりにくいこともあり，それで一般の人々の印象が変わることがある。

　数字の"マジック"はそのほかにもある。新規感染者数もその一つである。第 5 波で東京都の新規感染者数は 5000 人前後で頭打ちとなったが，これがポジティブな材料であったかどうかはその時点では分からなかった。検査数が足りていない可能性があったからである。日本は 2020 年の従来株による感染の初期から，大規模な検査に前向きではなかった。「37.5 度

4 日以上で初めて相談窓口に電話ができる」という厚労省の当初の方針も検査数の抑制に繋がった。検査数を増やせばそれだけ統計上の感染者が増えていたと推察される。都知事が「感染拡大の重大局面」のフリップを掲げた 2020 年 3 月 25 日時点の検査数は 47.7 件（7 日間移動平均）と 50 件に満たなかった。これに比べれば 2021 年 8 月 13 日時点の検査数は 13751 件とかなり伸びてはいる。しかし、陽性率が 23.3％と極めて高い水準で推移している（検査数陽性率とも 7 日間平均）。検査に対する陽性率は五輪関係者の入国が本格化する前の 6 月 1 日時点では 5％程度にすぎなかったものが夏には 4 倍以上に膨らんだのである。2021 年 8 月 10 日付けで東京都は「積極的疫学調査」を縮小する方針を保健所に通知している。この結果として検査を受けるのは実際に症状がある患者だけとなり、無症状の感染者がコロナ感染者に認定される確率はかなり低くなったと思われる。結果として陽性率が上がったのは自然である。ちなみに筆者は必ずしも「積極的疫学調査」を肯定しているわけではない。2 m 以下 15 分などという規定を厳格に適用し、防犯ビデオ等で接触時間をストップウォッチで計測するような作業には負担に見合う便益がない。それよりは、モニタリング調査の実施に加え、誰でもいつでも検査が受けられる体制を整備し、医師によるトリアージが可能になるような仕組みがあれば効率的であろう。保健所がボトルネックとなるようでは患者の不安は増すばかりである。

　さて、ワクチンが進むにしたがって、「新規陽性者数を数えることは意味がない、重症者数のみで十分」という意見が出てきている。ワクチンによって重症化率や死亡率が低下することが期待されるためである。ただ、重症者の増加は感染者の増加に遅れて発生するため、これを指標とすると対策が後手に回る可能性があり、判断には慎重さが必要である。だが、上記のように新規感染者が検査数の抑制によって操作される可能性があるのであれば話は別で、重症者数のほうが実体を反映するのかもしれない。ただし、重症の定義にも注意が必要で、国の定義によれば「(1) ICU で治療 (2) 人工呼吸器を使用 (3) 体外式膜型人工肺（ECMO ＝エクモ）を使用のいずれかに当てはまる場合」となっており、入院ができなければ重症者に

はカウントされない。2021年8月現在，自宅療養中，あるいは入院調整中に重症化し死に至る症例が出てきているが，自宅で重症化して死亡した場合は一度も重症者の数に入らずに終わることになる。ちなみに東京都の重症者は8月にはいってじわじわと増加しているが（Fig.11-5），都の重症者用の病床確保数は392床であるので，病床が増えない限り，これ以上に重症者が増えることはあり得ない。

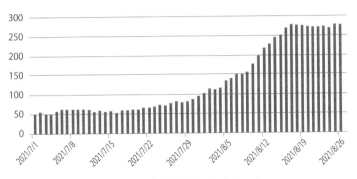

Fig.11-4　東京都の重症者数の推移

Source: 東京都新型コロナウイルス感染症対策サイト

BOX.11-4

検査数

　検査をどの程度行うのか，何のために行うのかの方針は国によっても違うようだ。人口あたりの検査数が多い国は，検査と隔離によって感染者を減らすために検査を行ったのか，感染者が増加したので検査せざるを得なかったのかは検査数からは分からない。下の図（Fig.11-5）は，先に挙げた Fig.11-3 に他の主要国を加えたものである。

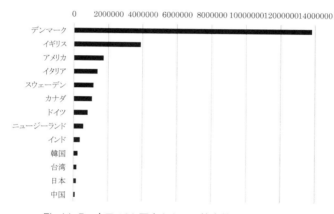

Fig.11-5　人口 100 万人あたりの検査数の国際比較 （2）

Source: worldometers データベース

　中国は大規模な検査の実施と陽性者の隔離で感染を抑えた国であるが，2021年 8 月現在の累計でみると人口あたりの検査数は日本よりも少ない。これはすでに感染が収束したこと，また国が広く人口が多いため人口当たりの検査数は小さいが，感染が拡大した地域に限って徹底した検査を行ったのではないかということなどが推察される。

　死者数あたりの検査数を国別に見ると次の Fig.11-6 のようになる。日本はニュージーランドや中国などの「優等生」と比べるとかなり低いが，死者数あたりの検査数でいえば，インドや欧米諸国と同程度の水準である。台湾は，死者数は少ないが，検査数も飛びぬけて多いわけではない。思いのほか効率的に検査を行っていたようである。接触者アプリケーションなどがうまく機能していたのかもしれない。

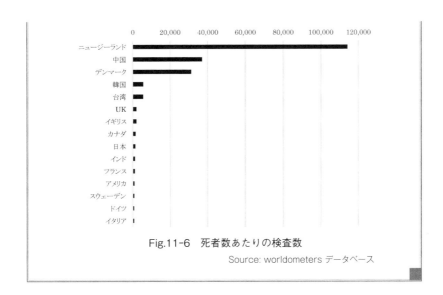

Fig.11-6　死者数あたりの検査数

Source: worldometers データベース

感染症によって顕在化したもの

　COVID-19感染症は世界の多くの国に健康被害と混乱をもたらした。感染症を比較的うまくコントロールしてきたのは，中国，台湾，ニュージーランドなど限られた国々のみである。日本の政策が特に悪かったということは言えない。ただ，リスクコミュニケーションが不十分であり，そのため国民と政府，また国民相互の間にも不信と分断が生まれたと感じるのは残念であった。政府は緊急事態宣言下での五輪の開催の可否を問う質問に「仮定の質問に答えるのは控えたい」と答えたが，リスク管理に関するものはすべて仮定の話である。これから起きるかもしれないのがリスクであるからだ。質問をはぐらかし，マスコミに更問いを禁じるようでは，信頼関係は育たないが，一方で国民もこれを許してきたのではなかったか。日本には民主主義が本当には根づいていないことをあらためて浮き彫りにしたのがCOVID-19であった。

　もう一つ残念であったのは，検査の抑制である。政策による抑制は保健所のキャパシティーの問題であったが，徹底した検査については国民

も懐疑的であった。それは陽性になると様々な制約や差別にさらされる可能性があるからである。学校や組織においても，誰が感染したかは個人情報としてその扱いに慎重になっていたが，それは感染すれば不利益があると考えるからに他ならない。しかし，感染症にかかるのは風邪をひくのと同じで自己責任ではなく，誰にでもそのリスクがある。罹患したことで不利益があると，罹った本人はこれを隠蔽するインセンティブをもつ。感染症の場合はこれが拡大のもとになり得る。罹患した人を差別するような構造は COVID-19 に限らず，社会が必ず克服しなければならない課題である。

BOX.11-5

「仮定の質問」

　心理学者の内藤誼人という人物がこんなエッセイを書いている。曰く「『めんどくさい人』を一発で黙らせる天才的な質問」*。その「天才的」な方法を抜粋すると

　　・相手の質問に攻撃をする方法
　　「それは仮定の話にすぎませんよね。仮定の話にはお答えできません」
　　・相手に質問をさせないという方法
　　「なるほど，ですが，私の話はまだ途中ですから」

　これは日本の一部の政治家がコロナ前から多用している方法だ。ほかには「ごはん論法」なども人気であるが，できれば国民を「めんどくさい人」と認識しないでほしいものだ。それは，リスクコミュニケーションの拒否である。リスクに関するコミュニケーションはその本質からすべて仮定の話なのである。

参考：
* 内藤誼人「会議で重箱の隅つつく「めんどくさい人」を一発で黙らせる天才的な質問—どんな相手もしどろもどろになる」https://president.jp/articles/-/40680?page=1
内藤誼人『めんどくさい人の取扱説明書』（きずな出版）

日本におけるワクチン政策と情報開示

　ワクチンは，多くの国にとって希望の光であり，各国とも強力にそ

の接種を進めている。日本では度重なる感染の波の襲来にも関わらず、保健所の仕組みの変更や臨時病院の設置などの手を打たなかったが、これはワクチンが切り札になると期待したためであろう。ワクチン接種は国によっては半ば強制的にすすめられているが、日本では初めのうちはワクチンが不足していたこともあり、接種は本人の判断にまかされている。自主性が尊重されている点は評価できるが、唯一残念なのは事前のリスクコミュニケーションが十分であるとはいえないことだ。ここに様々な憶測やデマが広まる余地がある。デマはともかく、一般に、どんなワクチンであってもゼロリスクの選択肢ではない。したがって、事前の情報提供は極めて重要であるはずだ。

　日本における m-RNA ワクチン接種直後の死亡者のうち、厚生労働省（2021）に報告されたものは 2021 年 2 月 17 日から同年 7 月 16 日までで 751 名である。この日までに一回以上の接種を受けた人の数は 44,518,711 名で、接種後の死亡率は 100 万人あたり 16.9 人である。分母を接種回数とすると 100 万人あたり 10.3 例である。インフルエンザワクチンの場合は、2019–20 年シーズンでワクチン供給量およそ 2950 万本（厚生労働省, 2019）に対し、医師から予防接種を受けたことによるものと疑われるとして報告された死亡例は 1 例となっており（厚生労働省, 2020）、死亡率は 100 万人あたり 0.033 人である。m-RNA ワクチンの接種後の死亡件数はインフルエンザワクチンのケースより桁違いに多いことが分かる。厚労省は m-RNA ワクチンについて、ワクチン接種後の死亡とワクチン接種による死亡は違う、前者には偶発的なものが含まれているとしているが、偶発的な死が発生しうるのはインフルエンザワクチンでも同じであり、両者の違いについての説明は別途必要である。ただ、上記の日までに m-RNA ワクチン接種を受けたのは高齢者が中心であったため、偶発的な死亡率が上がることは考えられる（小島, 2021）。そこで現役の医療関係者のみで見てみると、4 月までの医療関係者の接種件数およそ 300 万件に対して、死亡事例が 19 件であった。死亡率は 100 万件あたり、6.3 となり、それでもインフルエンザワクチンの死亡リスクとは桁違いである。

医療従事者のワクチン接種後の死亡者

表 11-1 に医療関係者の死亡事例 19 件を年代別にまとめた。接種した母集団の年齢構成が不明であるためなんともいえないが，高齢であるほど死亡率が高いようには見えない。ちなみに最年少は 25 歳男性である。

m-RNA ワクチンによる死亡リスクはインフルエンザワクチンのそれとではなく，新型コロナウイルスに感染して死亡するリスクと比較されるべきかもしれない。このリスクは年代によって大きく異なっている。以下のテーブルは人口 100 万人あたりの，新型コロナによる年代別年間の死亡率の推計である。ここで重要なのは，感染症による死亡リスクは，陽性者に対する死亡者数の割合ではなく，各年代の人口に対しての死者数をとるべきことである。感染するリスク自体がそれほど高くないので，感染者に対する死亡者数でみると，過大評価となる。

表 11-1 医療関係者の年代別ワクチン接種後の死者数

死亡者の年代	死亡者数
20 代	3
30 代	1
40 代	6
50 代	4
60 代	4
70 代	1

表 11-2　COVID-19 の年代別死亡リスク（人口 100 万人，一年あたり）

死亡者の年代	死亡者数 /million
10 歳以下	0.0
10 代	0.0
20 代	0.9
30 代	2.7
40 代	8.5
50 代	24.8
60 代	79.7
参考：m-RNA ワクチン接種後の死亡（全年代，接種件数あたり）	10.3
参考：m-RNA ワクチン接種後の死亡（医療関係者，接種件数あたり）	6.3
参考：インフルエンザワクチン接種後の死亡	0.033

各年代人口 100 万人あたりの COVID-19 による死亡率。コロナに罹患しなければリスクはない。罹患率は人や仕事によってかなり異なるので，個人差は大きいと思われる。データは 2021 年 1 月 4 日から 7 月 5 日までの約半年分を 2 倍することによって年間リスクの推計としている。☆この推計は 2021 年夏時点のもので，その後変わり得る

Source：年代別死者数：国立社会保障・人口問題研究所
世代別人口構成：総務省統計局人口推計

さて，一般論として「ワクチン接種後の死亡」と「ワクチン接種を原因とした死亡」は意味が異なっているのは厚労省の主張する通りである。そ

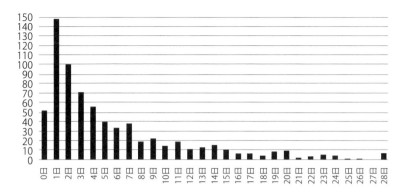

Fig.11-7　ワクチン接種から死亡までの日数別人数
(当日から 28 日目まで，2021 年 7 月 16 日現在)

Soure：厚生労働省, 2021

こで，厚労省のデータから，接種日から死亡までの日数別の人数を Fig.11-7 に示す。

　これはデータを見ればすぐにわかることなので，何人かの人がすでに指摘していることであるが（たとえば上, 2021; 小島, 2021），死亡件数は接種翌日が最も多く，発生頻度には明らかな偏りがみられる。かりに死亡が老衰や，心臓病など他の疾患を原因とした偶発的なものであれば，均等に発生することが期待されるが，そうはなっていない。最初の 10 日間と次の 10 日間の平均値には統計的に有意な差がみられる（$p = 0.005$）。これには報告バイアスの可能性もあるが，医療関係者のみでみても同様な傾向がみられる。医療関係者の接種は臨床研究も兼ねていたのでバイアスの可能性は低いのではないか（上, 2021）。仮に報告バイアスのおかげでこの曲線が出ていると仮定して計算すると，報告されていないものまで含めた同様の症例は調査対象期間である 58 日間で 8,600 件余となる。

　厚生労働省の専門家が死亡とワクチン接種との因果関係を認めたものは 21 年 8 月時点の評価で一件もない。厚労省の専門家による評価は，そのほぼすべてが "γ"，すなわち「情報不足によりワクチン接種との関係性を評価できない」となっている。現場の医師は，無関係なものも含めて出

鱈目に報告しているわけではなく，因果関係ありとして解剖所見をつけて報告している事例もある（小島, 202）が，これも「情報不足」で処理されている。もし審査が"情報不足のため"できないのであれば，より多くの情報を求めるガイドラインなどを提示するべきだと思うが，現在のところ延々とγ判定が続いている。厚生労働省は，「ワクチンとの因果関係があると結論づけられた事例はなく」と述べているが，「ワクチンとの因果関係がないと結論づけられた事例（β判定）もほぼない」という表裏一体の事実を述べることはしていない。

　厚労省の専門家はワクチン接種後の死亡については，同様な死亡例の自然発生頻度と比較され，増加の知見は得られていないとしている。だが，日本ではコロナ感染が広まった2020年1月から12月の累積で呼吸器系の疾患による死亡も循環器系による疾患の死亡も超過死亡が観察されていない（国立感染症研究所, 2021）。元々の疾病で超過死亡が確認されるほどではないのに，疾患予防のワクチンで死亡率が統計上目に見えるほど変わるだろうか。また，比較対象を「国民全般」とするのも疑問である。歩いてワクチンを接種しに来る人は，少なくとも本人の自覚では当日の健康に異常はないが，国民一般はそうではない。比較対象とするなら，たとえばディズニーランドに行った人が翌日突然死する確率などとしなければフェアではない。データは少しの操作でいくらでも印象を変えることができるものなのだ。もちろんプラセボを使った正式な調査が日本で実施されていればそれに越したことはないが，そうした検証結果も見当たらない。日本における死亡例の検証方法の詳細まで，わかりやすく公開してはじめて情報を公開したことになるだろう[15]。

　ワクチンによる死亡のリスクはどのようなワクチンでもゼロではない。だが，高い発熱や倦怠感など，普通のワクチンではめったにない副反応が頻発するコロナワクチンでのみ死亡率が「ゼロ」だというのも不思議な話

15）プラセボを使った治験はアメリカでは（従来株で）実施されているが，日本人と平均体重が大きく異なっているため，上（2021）は日本人にはオーバードースの可能性があるのではないかとの疑問を呈している。

である。すべての情報を，印象操作なく提示した上で判断を迫らなければ
インフォームド・チョイスにはならない。

　ワクチン一般のリスクと便益については，他人に感染させる力も合わせ
て抑えることができるタイプのものであっても，これまで何度も議論にな
ってきた。いかに死亡リスクが低くても，それにあたってしまった人にと
ってはその現実が100％だからである。感染した場合の死亡リスクと比較
すれば各段に低いとはいえ，感染しなければそのリスクはない。また，感
染した結果死に至るのと，感染もしないのに死亡するのとでは，死に臨む
本人の気持ちも家族の気持ちも全く違うものだという点は過小評価される
べきではない。特にワクチン接種によって子どもを失ってしまった人の気
持ちは想像もできない。2016年から2017年にかけて，フィリピンで，デ
ング熱の蔓延をおさえるため，フランスのサノフィ社製のデング熱ワクチ
ン（Dengvaxia）の子ども達への集団接種が行われた。そして接種された子
どものうち数十人が集団で死亡したのである。これは抗体依存性免疫増強
（Antibody-Dependent Enhancem, ADE）といわれるワクチンの副反応と考えられ
ている（Sridhar S. et al., 2018; Halstead et al., 2020）が，サノフィ社（SAFINO, 2018）
はワクチンと死亡の因果関係を認めていない。COVID-19に対するワクチ
ンのADEのリスクは開発中から注意が払われており，従来株については
安全性が高いとされるが（Lee et al., 2020），変異株に対してはリスクになり
得るとの指摘もある（Yahi et al., 2021）。

　ワクチンでは大多数の人が利益を受ける一方，何人かの人々は，集団の
利益のコストとして命をもぎ取られる。これを小さなコストとして捨てお
くことはマイケル・サンデルの「正義」の話を想起させる（BOX. 11-7）。

正義の話

　ハーバード大学のマイケル・サンデル教授は，仮定の話で正義を問う。難破した船で多数が生き延びるために1人を殺して食べることは道徳的に許容できるか，ブレーキの利かない電車か車に多数の人が乗っていて，そのままであれば前にいる複数の人を轢き殺してしまうが，その電車の前に人を一人突き飛ばせば止まるとしたら？

　リスクのあるワクチンを「強制」することはこれに近い話に見える。むしろもっと不正義かもしれない。サンデルの仮定と違って，詳細な調査によってリスクを削減できる可能性があるからである。死亡が確率的にしか発生しないように見えるのは，個人の属性に無頓着であることも理由の一つである。たとえばADEであれば，過去の罹患の有無がリスクに大きく関係している。コロナのワクチンであればリスクと便益のバランスは年齢や体質によって大きく異なっている。これを集団全体の確率で大雑把に論じることはやはり「倫理にかかわる問題」だと思うのである。

　筆者は学生時代，多数の利益のためには多少の犠牲はやむをえないという考えであった。もちろん（子宮頸がんワクチンも含めて）あらゆるワクチンの推進派である。だが，リスク界の大御所である，とある先生と，たまたまアリゾナのフェニックスのレストランでワクチンの話をさせて頂いた時の先生の「でもその子にとっては100%なのよね」というお言葉が今でも忘れられないのである。科学でリスクを評価する者は，こうした稀なリスクについて，ないも同然と評価してはならないのではないか，と今は思っている。

　　一般論としていうなら，ワクチンを強制接種とし，死亡例はなかったことにするのが，国全体にとって最も効率的だ。どのみち死人に口なし選挙権なしである。だが，そうした社会を選択したいかどうかはまた別の話である。

　日本では，現在のところm-RNAワクチン接種後の死亡はすべて因果関係不明とされており，再調査も補償もなされていない。再調査は今後なされるかもしれないが，個別因果関係の解明はとても難しいものと推察される。災害のところでも議論するが，個別の因果関係の解明は薬害に限らずどんなケースでも簡単ではない。因果関係の医学的調査が極めて重要であ

ることは言うまでもないが，補償についてはこれを切り離す制度も検討の余地がある。つまり交通事故死など明らかに無関係な場合を除いて，接種後一定期間内の死亡をトリガーとして全員に年齢に応じた補償を行うのである。その方が，余計な行政資源も食わず，裁量の余地もなく，結果として安く上がる可能性もある。メッセージとしても分かりやすく，少しは安心感が高まることも期待される。あるいは，ワクチン接種者に58日目までの死亡を対象に任意で加入できるプチ保険を用意するという手もあろうかと思う。一回100円。仮に死亡率が100万分の5なら5000万円の支払いが可能だ。事務経費を除いても政府補償の他に3000万円程度の支払いができるだろう。そしてリスク情報はすべて開示し，納得してワクチンを接種してもらうことが重要である。これはCOVID-19ワクチンだけの話ではなく，ワクチン一般の話だ。一定の命のリスクがあるものを，不利な情報を表に出さずに半強制的に実施し，死亡については「偶発的」あるいは「自己責任」で処理する前例をつくることには慎重な議論が必要だと思われるのである。

［Ⅱの参考文献］

Anzai, A., H. Nishiura, 2021, "Go To Travel" campaign and travel-associated coronavirus disease 2019 cases: A descriptive analysis, July–August 2020, J of Clinical Medicine, 10(3). DOI: https://doi.org/10.3390/jcm10030398

Asch, S. E. (1951). Effects of group pressure upon the modification and distortion of judgments. In Guetzkow, H. ed., *Groups, leadership and men*. Pittsburg, PA: Carnegie Press.

Burton, I., R.W. Kates, G. F. White, 1993, *The Environment as Hazard*, The Guilford Press, NY, NY.

Caplan,B., 2007, *The Myth of the Rational Voter: Why Democracies Choose Bad Policies*, Princeton University Press.

CDC, 2021, Outbreak of SARS-CoV-2 Infections, Including COVID-19 Vaccine Breakthrough Infections, Associated with Large Public Gatherings — Barnstable County, Massachusetts, July 2021. https://www.cdc.gov/mmwr/volumes/70/wr/mm7031e2.htm?s_cid=mm7031e2_w (L.A.2021/09/15).

Edmunds, W. J., 2020, Finding a path to reopen schools during the COVID-19 pandemic, LANCET 4(11), 796-797. DOI: doi.org/10.1016/S2352-4642(20)30249-2

Fischhoff, B.,1995, Risk Perception and Communication Unplugged: Twenty Years of Process, Risk Analysis, 15(2), 137-145. DOI:10.1111/j.1539-6924.1995.tb00308.x

Fontanet, A. et al., 2021, SARS-CoV-2 infection in schools in a northern French city: a retrospective serological cohort study in an area of high transmission, France, January to April 2020, Eurosurveillance, 26(15). DOI: 10.2807/1560-7917.ES.2021.26.15.2001695

Goble, R., 2021, Through a Glass Darkly: How Natural Science and Technical Communities Looked at Social Science Advances in Understanding Risk, Risk Analysis, 41(3), 414-428. DOI: https://doi.org/10.1111/risa.13627

Halstead, S. B., L. C. Katzelnick, P. K. Russell, L. Markoff, M. Aguiar, L. R. Dans, A. L. Dans, 2020, Ethics of a partially effective dengue vaccine: Lessons from the Philippines. Vaccine, 38(35), 5572–5576. DOI: https://doi.org/10.1016/j.vaccine.2020.06.079

Idogawa, M., S. Tange, H. Nakase, T. Tokino, 2020, Interactive Web-based Graphs of Coronavirus Disease 2019 Cases and Deaths per Population by Country. Clinical Infectious Diseases 2020; 71: 902-903. DOI: https://dx.doi.org/10.1093/cid/ciaa500(札幌医科大学医学部 附属フロンティア医学研究所 ゲノム医科学部門データベース).

International risk governance council (IRGC), 2005, White paper on Risk governance towards and integrative approach.

Johns Hopkins University Coronavirus Resource Center COVID-19 Map, https://coronavirus.jhu.edu/map.html (L.A. 2021/09/13).

Lee, W. S., A. K. Wheatley, S. J. Kent, B. J. DeKosky, 2020, Antibody-dependent enhancement and SARS-CoV-2 vaccines and therapies, Nature Microbiology, Vol5, 1185–1191.

Miller, H. I., G. Conko, 2000, Genetically modified fear and the international regulation of biotechnology in Morris, J. ed., *Rethinkign risk and the precautionary principle*. Butterworth Heinemann, London, 84-1004.

NRC, 1983, *Risk assessment in the federal government: managing the process*, National Academy Press, Washington, D. C.

NRC, 1989, *Improving Risk Communication*, National Academy Press, Washington, D. C.

OECD, 2003, Emerging risks in the 21st century—an agenda for action. OECD, Paris.

OECD, 2021, Economic Outlook No.109 May 2021, https://stats.oecd.org/viewhtml.aspx?dataset code=EO109_INTERNET&lang=en (L.A. 2021/7/27).

Richardson, D., A. Carraro, V. Cebotari, A. Gromada, G. Rees, 2020, Supporting Families and Children Beyond COVID-19: Social protection in high-income countries, Unicef COVID-19 & Children, Dec 2020. https://www.unicef-irc.org/publications/1165-supporting-families-and-children-beyond-covid-19-social-protection-in-high-income-countries.html (L.A. 2021/7/27).

SANOFI, 2018., https://www.sanofi.com/en/media-room/articles/2018/sanofi-maintains-confidence-in-dengvaxia-vaccine (L.A.2021/08/31).

Schwarz, M., M. Thompson, 1990, *Divided We Stand: Redefining Politics, Technology and Social Choice*. Harvester Wheatsheaf, New York.

Seo, K., What Is Our Study of Risk for? The Case of the Japanese "Go To Campaign", in

Kawano, M., K. Karima, P. Nijkamp, Y. Higano eds., *Theory and History in Regional Perspective*, Springer Nature Singapore Pte Ltd. DOI: 10.1007/978-981-16-6695-7

Sherif, M. (1935). A study of some social factors in perception. *Archives of Psychology*, 27(187).

Slovic, P., 1987, Perception of risk, Science 236(4799), 280-285. DOI: 10.1126/science.3563507

Sridhar S. et al., 2018, Effect of dengue serostatus on dengue vaccine efficacy. New England J of Medicine. DOI: 10.1056/NEJMoa1800820

Stiglitz, J. E., A. Sen, J-Paul. Fitoussi, 2010, *Mis measuring our lives: Why GDP doesn't add up. The Report by the Commission on the Measurement of Economic performance and social progress.* The New Press, USA.

Thaler, R. H., C. R. Sunstein, 2008, Nudge: Improving Decisions About Health, Wealth, and Happiness, Yale University Press, New Haven.

The World Bank World Governance indicator, https://info.worldbank.org/governance/wgi/ (L.A. 2021/03/03).

WHO, 2021a, Emergency Situational Updates, 10 August, 2021. https://www.who.int/publications/m/item/weekly-epidemiological-update-on-covid-19-10-august-2021 (L.A. 2021/08/16).

WHO, 2021b, Director-General's opening remarks at the World Health Assembly, 24 May 2021, https://www.who.int/director-general/speeches/detail/director-general-s-opening-remarks-at-the-world-health-assembly-24-may-2021 (L.A. 2021/7/27).

Wilson, R., 1979, "Analyzing the Daily Risk of Life", Technology Review, 81(4), 41-46.

Worldometers, https://www.worldometers.info/coronaviruss (L.A. 2021/09/13).

Wynne, B., 1993, "Public uptake of science: A case for institutional reflexivity," Public Understanding of Science, 2(4): 321-37

Yahi, N., H. Chahinian, J. Fantini, 2021, Infection-enhancing anti-SARS-CoV-2 antibodies recognize both the original Wuhan/D614G strain and Delta variants. A potential risk for mass vaccination?, J. of Infection, S0163-4453(21)00392-3. DOI: 10.1016/j.jinf.2021.08.010

池田三郎, 2011,「リスク学から見る「想定外」問題 — 低頻度・巨大複合災害のアセスメントとガバナンスの再考」, 日本リスク研究学会誌, 21(4), 231–236.

上昌弘, 2021,「コロナワクチン副反応で無視できない重大事実」, 東洋経済オンライン https://toyokeizai.net/articles/-/425737?page=2 (L.A. 2021/09/16).

片田敏孝, 及川康, 杉山宗意, 1999,「パネル調査による洪水ハザードマップの公表効果の計測」, 河川技術に関する論文集, 第5巻, 225–230.

金井昌信, 蟻川景介, 片田敏孝, 2017,「ハザードマップの閲覧率・保管率に関する基準の検討」, 災害情報, 15(1/2), 233–243.

川端裕人, 木村草太, 2013,「入会なんて聞いてない — 父親たちの語る PTA」, https://synodos.jp/opinion/society/5096/ (L.A. 2021/09/16).

岸本充生, 2003,「予防原則」, 中西準子, 岸本充生, 蒲生昌志, 宮本健一,「リスクマネージメントハンドブック」, 朝倉書店, 410–415.

厚生労働省, 2020,「新型コロナウイルス感染症の"いま"についての10の知識」

https://www.mhlw.go.jp/content/000689773.pdf (L.A. 2021/08/08).

労働厚生省, 2019, 「2019/20 シーズンのインフルエンザワクチンの供給について」, https://www.mhlw.go.jp/content/10906000/000535792.pdf (L.A. 2021/08/18).

労働厚生省, 2020, 「令和 2 年度インフルエンザ Q&A」, https://www.mhlw.go.jp/bunya/kenkou/kekkaku-kansenshou01/qa.html (L.A. 2021/08/18).

厚生労働省, 2021, 「第 64 回厚生科学審議会予防接種・ワクチン分科会副反応検討部会, 令和 3 年度第 13 回薬事・食品衛生審議会薬事分科会医薬品等安全対策部会安全対策調査会資料 1-3-1」, https://www.mhlw.go.jp/content/10601000/000809324.pdf (L.A. 2021/08/18).

国立感染症研究所, 2020, 「我が国における超過死亡数および過少死亡数」, 2021/08/06. https://www.niid.go.jp/niid/ja/from-idsc/493-guidelines/10559-excess-mortality-210806.html (L.A.2021/09/06).

国立社会保障・人口問題研究所, 2021, 「新型コロナウイルス感染症について」, http://www.ipss.go.jp/projects/j/Choju/covid19/index.asp (L.A. 2021/08/18).

国連環境開発会議, 1992, 「環境と開発に関するリオ宣言（日本語翻訳版）」, https://www.env.go.jp/council/21kankyo-k/y210-02/ref_05_1.pdf. (L.A. 2021/09/13).

小島勢二, 2021, 「ワクチン接種と副反応〈接種後死亡報告 554 例〉」, https://www.youtube.com/watch?v=Tzl1WxhCcnY&t=587s (L.A. 2021/09/22)

佐藤主光, 宮崎毅, 2012, 「政府間リスク分担と東日本大震災の復興財政」, ファイナンシャルレビュー, 108 号.

東京都 新型コロナウイルス感染症対策サイト, https://stopcovid19.metro.tokyo.lg.jp/data/130001_tokyo_covid19_details_testing_positive_cases.csv (L.A. 2021/09/13).

日本山岳救助機構合同社, 2013, 「山のリスクについて無頓着な登山者をどう啓蒙していくか」, https://www.sangakujro.com/ (L.A.2021/02/10).

日本貿易振興機構, 2021, 「新型コロナ感染拡大による製造業サプライチェーンへの影響懸念, インドネシア日系企業」, https://www.jetro.go.jp/biznews/2021/08/d7fee71fc4403634.html (L.A. 2021/08/25).

フリードマン, M., 村井明子（訳）, 2008, 「資本主義と自由」日経 BP 社.

モバイル社会研究所, 2020, 防災レポート, https://www.moba-ken.jp/project/disaster/disaster_reduction_ict20200123.pdf (L.A. 2021/8/17).

文部科学省, 2021, 「令和 3 年 3 月 1 日 児童生徒の自殺予防について」, https://www.mext.go.jp/a_menu/shotou/seitoshidou/1414737_00002.htm (L. A. 2021/8/17).

山口宏弥, 2020, 杉江弘・山口宏弥, 「パイロットは知っている 羽田増便・都心低空飛行が危険なこれだけの理由」, 合同出版, p.39.

Ⅲ章　水害のリスク管理

12. 水害リスク対策から見えるもの

　近年，国内で大規模な豪雨水害が多発している。たとえば2018年の西日本豪雨水害，2019年の台風15号および19号（令和元年東日本台風），2020年の熊本豪雨水害，また，2021年に熱海市で発生した土砂災害も記録的な豪雨によるものであった。損害保険の支払額は，2019年だけで東日本大震災に匹敵する規模となっている。

　国外に目を向けると，アメリカでは2017年のハリケーン・ハービー，ハリケーン・イルマと相次ぐハリケーン被害でNFIP（連邦洪水保険制度）が傾きかねないほどの被害が発生している（国土技術政策総合研究所, 2017）。中国では2020年，梅雨時期の豪雨で長江を含む複数の河川で洪水が発生し，三峡ダムで放流が行われたこともあり，記録的な大水害となった。

　地球温暖化による海水温上昇の影響で，豪雨は今後ますます増えると予想されている。豪雨の発生には多くのファクターがあり，特定地域での豪雨の発生確率への温暖化の影響を定量的に予想するのは難しいが，いくつかの研究においてこの試みがなされており（たとえばImada et al., 2020），温暖化が豪雨の発生確率を上げることが示されている。

　ただ，水害自体は温暖化の兆候が表れるよりはるかに前から，多くの人類を苦しめ続けた災害である。世界的にみても，水害は他の災害より多くの被災者を出している（Fig.12-1）。特に途上国では今も自然災害の中では最大の脅威といっていい。先進国では様々な対策によって死者数は大きく減ってきたものの，損害額は逆に巨大化している（Fig.12-2）。今後大規模な水害が発生するリスクはますます高くなると予想されており，今一度水害リスク対策を見直し，しっかりとした備えをすることが必要である。

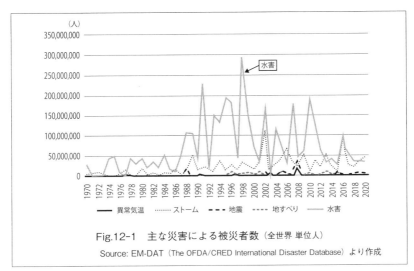

Fig.12-1　主な災害による被災者数（全世界 単位人）

Source: EM-DAT（The OFDA/CRED International Disaster Database）より作成

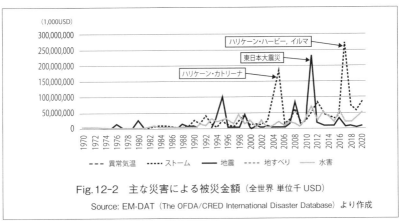

Fig.12-2　主な災害による被災金額（全世界 単位千 USD）

Source: EM-DAT（The OFDA/CRED International Disaster Database）より作成

　本章では前章までの論点を踏まえ，水害のリスクに関連するいくつかの議論を行う。特に水害に着目したのは，日本はもともと河川の氾濫や土砂災害が起きやすい国であることに加え，温暖化によりその被害の増加が懸念されているからである。ただ，洪水は日本人に苦難だけを与えてきたわけではない。洪水の運んでくる豊かな土は，一方で日本の農業の繁栄をもたらし続けてきた。日本人口の約半数は洪水の氾濫原（沖積平野）に住ん

でおり，資産でみるとおよそ 3/4 が氾濫原に集中しているが，人々の生活の場が河川流域に広がったのは偶然ではない。人々は川から恵みを受け，ときにリスクを甘受しながら川とともに生きてきたのである。

さて，水害に限ったわけではないが，多くの災害はその時代時代の様々な社会の問題を照らし出す鏡となる。高齢化が進む現代の日本においては，同じ規模の災害がより大きなリスクへとつながっている。2019 年の台風19 号の際，福島の自宅で亡くなった 80 代の男性は，足が不自由で妻が引き上げてもベッドに上がることもできず「長いこと世話になったな」と言い残して沈んでいったと報じられた（毎日新聞，2019 年 10 月 16 日付）が，高齢者や障碍のある人々，病気療養中の人々など，避難指示が出ても避難が困難である人々は災害リスクに脆弱なのである。ただ豪雨水害は地震や津波などと違い，数日前にはその襲来がある程度予想できる。つまり，それなりの備えがあれば救える命があるということだ。

災害は貧富の格差も残酷に照らし出す。多くの水害は，被害を受けた家屋と受けなかった家屋がごく小さいエリアに混在する。自然堤防の上なのか，後背湿地が開発された場所なのか，また盛土がしてあるのかないのかなど，普段は気にも留めないわずかな凹凸が被害の大小を分ける。そして一般に，被害は経済的な弱者に集中するのである。昔からの安全な土地は地価が高い一方，傾斜地や崖下，また氾濫地域にある水田を転用し区画整備した土地は相対的に手頃である。こうした土地には，新たに流入した若い世帯などが入居することもあるが，細かい情報が土地売買の際に詳らかにされる可能性は現代の日本においてさえ高くはない。

現代の水害対策の議論には環境視点も欠かせない。水害対策は連続した堤防の設置やダムの建設といったものを含むが，これらは自然を大規模に改修する工事を伴う。河川の大規模工事は多くのケースにおいて生態系に深刻で修復不可能な影響を与える。以前は水害の軽減を論じるさいに，河川や周辺の生態系のへの影響や親水空間の有用性などが抜け落ちていることが少なくなかった。近年ではこうした視点もかなり持ち込まれるようになってはきているが，水害防止の立場の者と環境保全の立場の者が建設的

な議論を交わす場はいまだ限定的，あるいは形式的であるように見える。

　生態系だけでなく，人間にとって親水空間は貴重であり生活の質にも関係するが，大規模工事は人々を水環境から遠ざける場合もある。2019年に発生した多摩川の氾濫において，「命より景観を重視したツケ」といった書き込みがネットに溢れ，関係者を意気消沈させたものだが，景観を含めた「生活の質」をエンドポイントに含めることが馬鹿げたことだとは思わない。生活の質を無視して非常時のことだけを考えるのは，QOLを無視して延命を考える終末医療のようなものではないか。

　日本の気候や土地の形状を考えれば，水害についてゼロリスクを求めることは現実的ではなく，社会は一定のリスクと付き合う覚悟が必要である。技術で自然を完全に抑え込もうとすることは，無意味な不可能への挑戦であるだけでなく危険な発想でもある。人間は自然と共生し，ときにその猛威をある程度は受け入れ，水害のもたらす恵みを利用さえして歴史をつないできたのである。なにをリスクとするか，またどの程度のリスクを甘受するかは，文化や価値観にかかわる問題であり，機械的に決められるものではない。それは人により，また地域により異なるのが自然であり，時代や社会的背景の変化によっても変わり得る。現代では気象予報など様々な分野での日々の技術の進歩がある一方，人口や資産の集積といった社会的変化によって，リスクのストーリーは変わってきている。人々の価値観や行動様式も世代によって変わる。つまり水害にまつわるリスクを考えることは，地域の歴史や自然，また，その時代時代における望ましい社会や生き方そのものを見つめることと同義である。この意味で，水害をリスク視点で論じることに興味は尽きない。

　水害に関する専門的な書は多数あるので，特に高度に技術的なことはそちらに譲り，本書では，リスク学的視点から論点を整理し，議論のたたき台を提供することを目的とするものである。

日本における最近の主な水害

2014 平成 26 年 8 月豪雨による災害
台風等によって発生した豪雨で四国から北海道まで広範囲で水害，土
砂災害が発生。特に広島市では大規模な土砂災害が発生し，市内だけ
で死者（直接死）74 名を出した。

2015 平成 27 年 9 月関東・東北豪雨による災害
台風 18 号の影響などにより北関東から東北を襲った豪雨水害。死者
は関連死も合わせて約 20 名。日光では鬼怒川の堤防が決壊した。

2016 平成 28 年 8 月北海道豪雨による災害

2017 平成 29 年 7 月九州北部豪雨による災害

2018 平成 30 年 7 月豪雨による災害（西日本豪雨水害）
台風 7 号によって発生した豪雨。西日本を中心に広範な地域で浸水や
土砂災害が発生。2 万件を超える家屋の浸水被害と 200 名を大きく超
える死者が発生した。被害額は 1 兆 2,150 億円。

2019 令和元年房総半島台風（台風 15 号）による災害
千葉県を中心に暴風雨となり，倒木，停電などの被害が出た。停電に
よるとみられる死者も発生。また停電による断水も発生した。死者 9
名，被災家屋（一部損壊含む）9 万 3 千棟

2019 令和元年東日本台風（台風 19 号）による災害
東海地方から東日本を中心に広い範囲で被害が発生。死者 100 名以上，
被害額 1 兆 8,600 億円。
（2019 年の水害被害総額は，全国で約 2 兆 1,800 億円となった。この年の水
害被害額で最大となったのは福島県の約 6,800 億円）。

2020 令和 2 年 7 月豪雨（熊本豪雨）による災害
死者 84 名，行方不明者 2 名，住家の全半壊 6,129 棟，浸水を含む住
宅被害合計 16,548 棟

2021 熱海市伊豆山土砂災害
死者行方不明者 27 名，被害棟数 128 棟（135 世帯）

13.　河川構造物の功績と社会的コスト

"滝"を治める

　治水は古くて新しい課題である。我が国は山勝ちで，河川勾配が大きいという地形的条件，また梅雨や台風による短時間の降水量が多いという気候的条件のため，古くから治水は地域地域の大きな課題であった。最強の戦国武将とも言われる武田信玄は，一方で優れた水の統治者でもあったことはよく知られている。甲斐武田の領土である甲府盆地は釜無川，笛吹川の氾濫原であるが，特に急流富士川の上流である釜無川の氾濫に苦しめられたという。信玄は釜無川と御勅使川の合流地点に信玄堤，将棋頭といったユニークな構造物を築くなどして河川を治めた。国交省の甲府河川国道事務所によると，これらの構造物は「完成後400年以上たった現在でも治水機能を果たしている」という[1]。詳細は専門書にゆずるが，信玄に限らず，川をよく知り川とうまくつきあった武将たちの治水の知恵は大変興味深い。

　近代的な治水工事が行われるようになったのは明治以降である。明治5年，政府はオランダから技術団を招き近代的な対策に着手する。招聘された技術者の一人であるデ・レーケが日本の川について「これは川ではない，滝だ」と言ったと伝えられているが，この言葉は欧州の川と日本の川の特徴の違いをよくあらわしている。日本の水害対策は，この"滝のような川"の特徴をよく理解し，それに沿ったものでなければならない。当初オランダ人技術団が取り組んだ明治初期の治水は，低水工事とよばれる，海運のための河川機能が残されたものが中心であった。近代技術を用いた水害防止目的の，いわゆる高水工事が本格化するのは，明治29年の河川法以降である。この法律によって，それまで低水工事のみに適用されていた国庫負担が高水工事にも適用になり，主要河川で大規模な河川掘削や連続

---

1) 国土交通省　関東地方整備局　甲府河川国道事務所「伝統的治水施設の保全と整備——信玄堤」
https://www.ktr.mlit.go.jp/koufu/koufu_index032.html (L.A. 2021/03/18).

した築堤が行われるようになった。

BOX.13-1

信玄の治水

　信玄に限らず，戦国大名にとって治山治水は優先度の高い課題であった。各大名は，その土地その土地の，地形や河川の特徴にあわせた治山治水を行っていた。信玄の治水法は，自然崖（高岩）を利用して水勢を削ぐなどきわめて巧みなものである。信玄堤が築かれたのは，富士川上流の釜無川と御勅使川の合流地点である。堤は単体ではなく，様々な工法の組み合わせで，信玄堤とはその総称と理解するほうがふさわしい。まず，御勅使川に「石積出し」といわれる構造物を設置して洪水時の流れを安定させ，「将棋頭」と呼ばれる将棋の駒状の石積みで流れを分断，さらに「十六石」と呼ばれた巨石を並べることで流れを誘導して高岩にあてて水勢を削ぎ，信玄堤が容易に壊れないような工夫がなされている（山梨県甲斐市，2010）。この他に，棚牛，大聖牛，尺木牛，菱牛といったものも併せて用いられていたようである（畑大助，2006）。さらに，一連の河川構造物の保守のため，近隣の住民から移住をつのり「竜王河原宿」を開いたとされる。

　信玄の名前以上に有名で天才的なのは，いわゆる「霞堤」であろう。霞堤とは内側と外側が一対となった不連続堤防で，逆ハの次の形をしている。この構造によって洪水は内側の堤防の切れ目から流出し，外側の堤防の下から上に向かって緩やかに流れだす構造となっている。この形状の不連続堤防には急流型と緩流型の二つがあるとされるが，大熊（1987）はこの二つの目的，機能は全く異なっており，同じ用語を用いることは混乱のもとであると述べている。急流型は勾配が大きいため，あふれ出た水は速やかに河道に排水される。霞堤の役割は，この排水機能に重きを置いたものであるが，同時に洪水時の急流から小魚が身を隠す場所を提供したのではないかと述べている。

洪水を溢れさせない治水 [2]

信玄公の時代の治水は，洪水を溢れさせない対策ではなく，溢れてもその被害をできるだけ小さくすることに主眼が置かれていた。これに対し，現代の治水は，洪水を河道の外にあまり出さないような設計となっている。「木が倒れたら……」のたとえで言えば，過去の治水は木が倒れても人が傷つかないような対策であったのに対し，現代の治水は，主には木を倒さないようにする対策だと言えるだろう。この手段が，連続した高い堤防であり，ダムの建設である。

近代的な河川技術には多くのメリットがある。一つは河川周辺で高度な土地利用が可能になること，もう一つは水害の頻度を大きく減らし，住民に安心感を与えることである。だが，すでに述べたようにここにはディレンマがある。技術で災害の頻度を減らすことはできてもリスクをゼロにすることはできないからである。堤防やダムがあっても河川が氾濫するリスクも，破堤や決壊のリスクもゼロにはならない。実際，2020年5月にアメリカのミシガン州でエデンビルダムとサンフォードダムの二つが崩壊し，1万人以上の住民が避難している（Vahedifard et al., 2020）。水害の低頻度化による安心感や資産の集積は，平時は好ましいが100年，200年に一度の水害の被害を大規模化させる。また水害と水害の間の長いスパンは，時に人々の防災意識を薄れさせ，正常性バイアスがかかることも懸念される。すでに議論したように，低頻度の巨大災害は，大きな不確実性を伴うため，対策のための費用対効果の分析も難しくなる。都市部を貫く一級河川の堤防は200年確率で造られているが，数十年も時がたてば住民の数や社会の状況は大きく変わってゆく。それを織り込んで費用対効果を考えることは難事業である。そもそも何世紀に一度という頻度の見積もりの正しさは

2）洪水が溢れるというと「馬から落馬」式の言葉に感じられるかもしれないが，河川工学では「洪水」は河川の増水を指す。溢れることを氾濫といい，越水や破堤などで河川が外に出るタイプの氾濫を外水氾濫，これに対して大雨がたまって地域が水につかることを内水氾濫という。

誰が検証するのかという疑問もある（Burton et al., 1993）。また生態系や水辺空間の維持といった人々の暮らしの質を考えても，河川構造物には疑問符が付く場合が多い。長い時間がたてば，人々の暮らしや価値観は変わるが，生態系への影響は時に後戻りができない。

連続堤防

典型的な河川構造物である連続した堤防は，日本の治水に大きく貢献した。だが，言うまでもなく越流や破堤のリスクをゼロにすることはできない。堤防はできるだけ洪水を外に溢れさせないためのものであるが，途中で溢れさせずに河道に水を集中させると，高水が増大することによって下流で大災害につながる危険がある[3]。堅牢な堤防は天井川を作り越水や破堤時のリスクを増大させる危険性も孕む。

近代技術が導入される以前の治水は，不連続堤防や越流堤などにより洪水を遊水地などに導く方法が多くとられていた。たとえば，左岸に名古屋城とその城下町が広がっていた庄内川では，右岸に洗堰（越流堤）が設けられ，洪水を右岸側に導く構造にして城と城下町を洪水から守っていた。堤防は一カ所が低ければ，それ以外のところから越水する危険はかなり低くなる。右岸側には人工河川である新川を掘削し，洗堰を越えた洪水を伊勢湾に排水していたのである。このように，水害の起こり得る箇所を限定しておくと，そこに対策を集中させればよいので，効率的な管理が可能である。もっともこのような方法は現在では取りにくくなっている。一つは江戸時代に比べ，人口が4倍となった現在では洪水を許す土地を空けておくのが難しいこと，もう一つは人権，平等といった思想から，リスクを特定の人や地域に押し付けることができなくなったことにある。庄内川の場合，洗堰から水があふれるのも，また新川が切れるのも，いわば想定内

3）このため現代でも，下流の大河川は200年確率（200年に一度の洪水にも対応できる）であっても，上流の中小河川はそれより短い，たとえば50年確率で整備されるような仕組みになっている。

であった。周辺は水田（湿田）であり，被害は相対的に軽微であったろう。しかし，当時農地であった右岸の後背湿地は現在では宅地化されて多くの人が住んでいる。2000年の東海豪雨では，被害にあった右岸の住民ら21人が洗堰を閉じなかった国と愛知県を提訴している[4]。

BOX.13-2

「小田井人足」

　かつて，名古屋界隈には「小田井人足」という言葉があった。これは「怠け者」というような意味で使われた，やや差別的な言葉であり現在ではあまり知られていない。小田井人足の仕事は洪水の際，名古屋城とその城下のある左岸を守るために，右岸の堤防を壊すことであったという。小田井村は右岸にあり，いわば他人の安全を守るために自らの地域を犠牲にする仕事であった。実際に小田井人足の仕事が遅かったからではなく，「仕事の内容を思えば遅かったに違いない」というところから生まれた言葉ではないかと思われる。小田井村は輪中堤で守られており，彼らの住居が水に流されたわけではないにしても，つらい仕事であったことは容易に想像できる。治水の歴史にはこれに限らず，誰かの犠牲の上に成り立ったものが少なくない。ダムに沈んだ村の人々や広大な遊水地のために土地を明け渡した人々など多くの犠牲の上に安全が守られていることを忘れてはらなない。

　堤防の問題点の一つは非常に大きな費用がかかることである。これは今に始まったことではない。現在，治水のために毎年およそ8000億円の費用が計上されているが，それでも両岸の堤防が完成するまでには何十年もかかることは珍しくない。その堤防が完成するまでの間も洪水は襲ってくるのである。築堤は通常，河口から上流に向けて行われるため，なかなか堤防が完成しない上流地域で不公平感が生まれることもある。だが，国にとって豪雨による洪水だけがリスクではない。同じ自然災害だけでも，地震もあれば津波もある。火山噴火もあれば地すべりもあり，河川管理だけ

---

4) 洗堰の閉鎖工事を実施しなかった行政の管理責任が争点だったが，一審，二審とも住民が敗訴。最高裁まで争われたが，2012年11月住民側敗訴が確定した。

に予算のすべてをつぎ込むわけにも行かない。予算の効率的な配分は不可欠の課題なのである。

スーパー堤防

　水害の被害は破堤があると非常に大きくなる。内水氾濫や超水も被害は出るが，破堤に比べれば被害は小さいことが多い。つまり堤防はなにより壊れないことが重要なのである。一般の堤防は土で作られているので，ある程度の時間，増水や越水が続くと壊れやすくなるが，たとえ越水したとしても破堤はさせない，という思想で作られているのがスーパー堤防（高規格堤防）である。スーパー堤防は断面で見ると幅が分厚く，河川の外側に緩やかな傾斜がある構造となる。この堤防の上にビルや家屋，道路といった構造物が置かれる。厚みのため破堤せず，また傾斜のため水がたまることはなく，氾濫があっても速やかに水が引くことが期待される。

　発想は素晴らしいが，問題は建造のためにかかる途方もない時間と費用である。1987 年，当時の建設省はスーパー堤防の建設計画に着手した。その対象は関東の利根川，荒川，江戸川，多摩川および，関西の淀川，大和川の 6 河川，およそ 873 km であった。計画から 26 年後の 2012 年，国土交通省は全区間の 5.8％が完了としたが，会計検査院は，実際の完成区間は 1.1％であると指摘している（会計検査院，2012）。仮に 25 年で 1.1％とすると完成は西暦 4285 年，5.8％だったとしても完成までに 400 年以上かかることになる。しかもこれは関東 4 河川，関西 2 河川だけの話である。同じ報告書で会計検査院は，通常の堤防ですら 65.4％しか完成していないではないかと指摘している。つまり，資源配分の適正化を促しているのである。

　スーパー堤防の建設は白紙に絵を描くようなわけにはいかない。都市部を貫く大規模河川では，既設の堤防のすぐ近くまで建物があり，そこに住む人がいる。築堤のためには住人の立ち退きが必要となる。仮に堤防の上に新たな住居が約束されたとしても，堤防の完成までかなりの年数がかか

り，かつ2度の移転が必要になるため，完成後に住人が戻るとは限らない。2019年にも都知事は高規格堤防化に意欲を示していたが，高齢化の進む現在の東京では，移転先で生涯を閉じることになる人もいるかもしれず，立ち退きは酷な相談となる。荒川沿いの平井7丁目では，わずか150mの築堤のために4年間で約83億円を費やしたが，完成後も55％の住民が戻らなかった。

多目的ダムの効果と限界

堤防と並ぶ大規模な河川構造物といえばダムであろう。ダムは上流でいったん貯水するため，時間差で河道に水を流すことができる。ダムの治水容量が非常に大きければ，確実に下流の負荷を下げることが可能である。2019年の台風19号の際，完成直後の八ッ場ダムが利根川を守ったとして称賛する声があった。だが，同ダムが今後起こりうる豪雨に対して，どれだけ洪水調整機能に貢献するか，それが投資に見合うものなのか他の可能な手段より優れているのか等の評価はそれほど簡単ではない。当時，八ッ場ダムは完成直後で試験湛水の段階であった。ダムが空に近く堆砂もなかった。仮に，本格運用の段階にはいっており，かつ事前放流がなされなかったとすると，洪水調整に使えた容量は6500万㎥にとどまり，緊急放流につながっていた可能性も否定できない。

八ッ場ダムに限らず，ダムの治水容量が限定的である場合，その洪水調節機能の評価は難しい。想定を超えた豪雨によりダムが満水近くなった場合，万一の決壊などのリスクを避けるため「異常洪水時防災操作」（以下「緊急放流」）がなされるためである。緊急放流は，流入量と流出量を同じにすることを基本とするため，理論的にはダムがあることによって河川の負荷が著しく増えるとはいえない。だが，放流によりダムによる洪水調整機能は失われるだけでなく，放流前後で河川流量が急変するため時に甚大な被害につながることがある。一言でいえば，想定を超えた本当の豪雨時に限ってダムは「ないのと同じ」か，それ以上に危険な代物になるのであ

る。多くの場合ピークカット機能は働くが，放流のタイミングが下流の降雨のピークの後に来るとは限らないので，このメリットも常に担保されるとは言えない。そして，多くの日本のダムの治水容量は実際限定的なのである。

実際，この台風19号の際，国土交通省所管ダムのうち直轄の天竜川水系美和ダムを含む6ダムで緊急放流が行われている（国土交通省，2019a）。国交省所轄以外のダムでは福島県の横川ダム・高の倉ダムで緊急放流が実施されたが，高の倉ダムでは2回の緊急放流のため住宅が全壊や浸水の被害を受けたとして，地区住民が検証のための協議会を設立したと報じられている（河北新報，2019）。

日本のダムの治水容量が限定的なのは，治水機能を有するダムのほとんどが多目的ダムであるためである。多目的ダムは治水と利水という，相反する目的をもつダムであり，全容量を洪水調整機能に使えるわけではい。台風に備えている段階ですでに一定量が利水目的の水で埋まっているのである。一般財団法人日本ダム協会のサイトによると，日本にある堰高15 m以上のダムは全国で2424基[5]，うち治水機能をもつ国交省所管[6]の多目的ダムは2019年現在562基である（国土交通省，2019b）。洪水調節のために使える容量はこれらのダム全体のおおむね3割程度であり，残りは利水目的となっている。つまり，全国のダムはいわば大きなため池であって，治水容量よりは利水容量の方が大きいのである。

筆者は多目的ダムより治水専用のダムのほうが優れていると言いたいわけではない。また巨大ダムの建設が必要だとの議論もしていない。ただ，その限界を理解しておく必要があるということである。日本に多くのダムやため池が必要な理由は，日本の地形が急峻であり，河川勾配が大きいことによるものだ。貯めておかなければ流れてしまうのである。

洪水時の事前放流とは，豪雨が予想されるとき前もって利水分を放流し，

5）明治以降竣工のもののみ。うち78基は2018年4月以降完成予定。

6）国土交通省，水資源機構，都道府県が有するダム（特定多目的ダム，補助多目的ダム）の合計。

治水容量を増やす手法である。水利権者の同意が必要な「事前放流」の他にこれを要しない「予備放流」がある。予備放流だけでは容量が足りなくなる場合も多いため，2018年の西日本豪雨水害後，積極的な事前放流の必要性が提言されている（国土交通省，2018a）。2018年7月の西日本豪雨の際，6府県8カ所のダムで緊急放流が行われた[7]。特に愛媛県肱川では上流の野村ダムおよび下流の鹿野川ダム（いずれも国交省直轄の多目的ダム）において相次いで緊急放流が行われ，西予市野村地区で5人，大洲市では3人が死亡したこと重く見たものである（三隅良平，2019）。だが，前述のようにダムの利水機能は場所によっては大変重要である。予報通りの豪雨で放流後水位が戻ればよいが，そうでなければ渇水の危険性があり，常に水利権者の同意が得られるとは限らない。2019年の台風19号の際には，長野県の美和ダム，福島県の高柴ダムでは，予備放流に加えて事前放流も実施されたが，他のダムでは事前放流の準備は整っていなかった。

　緊急放流は，豪雨時に専門の担当者によるぎりぎりの判断で行われる。緊急放流で放流量が流入量を上回ることはほとんどないが，高度に専門的で微妙な操作なので全くないとも言い切れない。そして，緊急放流の後に大きな被害が出るたびに，放流量が上回ったのではないかとの疑惑が繰り返し提示されることとなる。上流にダムがある場合，その他のハード，ソフトはダムの洪水調整機能を前提としたレベルで整備される。もともと堤防のかさ上げだけではコストがかかりすぎるという判断で治水機能をもつダムが建設されるケースもあるためこれは当然といえる。したがって，この調節機能が失われた場合は，放流量が流入量を上回らなくてもより大きな災害につながる可能性が高い。専門家は，手続きが適切であったことを強調するのではなく，結果として被害が出た場合は，改善策を住民とともに模索する姿勢を示すのがその役割であろうと思う。

---

7) 引原ダム・一庫ダム（兵庫県），河本ダム（岡山県），野呂川ダム（広島県），野村ダム・鹿野川ダム（愛媛県），日吉ダム（京都府），岩屋ダム（岐阜県）。うち，引原，河本，野呂川を除く6ダムは一級河川に位置する。

BOX. 13-3

西日本豪雨水害時の
愛媛県肱川水系野村ダムにおける緊急放流

野村ダムは、貯水量1270万 m^3 の多目的ダムで、全体のおよそ28%にあたる350万 m^3 が洪水調節容量に充てられている。西日本豪雨の予報を受けて、事前に水位の低下を実施し、通常の洪水調節容量に加えて250万 m^3 を確保していた。

緊急放流までのタイムテーブルは以下に示す通りである。(国交省, 2018 d)

7月6日　22：00　流入水の増加により放流量を300 m^3/秒とする

7月7日　　5：10　西予市が避難指示発令（野村地区）

　　　　　　6：20　ダム管理事務所が緊急放流開始を通知

　　　　　　6：40　放流量およそ1450 m^3/秒

　　　　　　7：50　放流量およそ1797 m^3/秒

緊急放流後の野村地区の被害は、浸水家屋650戸（うち床上浸水570）、死者数5名であった。

避難指示が出てから放流までおよそ90分あったが、避難指示が発令されたのが、午前5時過ぎと早朝であったことは、迅速な避難行動にはマイナスであった可能性はある。国交省の資料によると「西伊予市より避難指示の発令を伝える防災無線により各戸および屋外のスピーカーにより繰り返し放送されている。5時15分には住民への周知のため、警報所のサイレンの吹鳴、警報所および警報車のスピーカーによる注意喚起を実施している」（国土交通省, 2018b）とあるが、愛媛大学の羽鳥らの調査（2019）によると、避難した世帯は同地区世帯の37%にとどまり、その避難世帯の避難のタイミングも野村ダムが緊急放流を開始した6時20分までが39.2%であったという。避難のきっかけとして最も多かったのは市の警報ではなく「消防団の勧め」（58.5%）であり、また避難しなかった世帯のうち22.4%が、「避難指示が出ていること自体を知らなかった」と回答しているなど、国交省の資料とはかなり印象の違うものとなっている。

リスクは代理戦争の場となる

　リスクや科学技術の論争のアリーナでは，しばしば代理戦争が行われると議論したが，ダムの必要性や役割に関する，本来科学的・客観的であるべき議論の場もその例にもれない。

　ダムは通常の予想されるような降雨であれば，減災について一定の役割を果たしうる。また地域によっては利水の役割も重要である。しかし，前述したようにその治水機能は想定外の豪雨では失われ，場合によっては災害を甚大化させる。農業人口の減少や，都市における水使用の効率化によって利水のメリットは低くなる傾向にあり，今後もそれが続くかもしれない。ダムはそこに住む人々からときに親水環境を奪い，その生活の質を下げる可能性もある。もっと直接的には住み慣れた町がダム湖の底に沈み，その土地を追われる人々もいる。またダムは水生生物だけでなく，周辺の生態系にも大きな影響を及ぼすとして，世界的には撤去の動きもある。生態系への影響は，市場価値をもたないため，人により世代により価値観によりその評価は異なる。着工当時には予想できなかったことが明らかになることもあるが，そのコストを負うのは一方的に将来世代となり，彼らが議論の場に参加することはない。仮に移転などの問題は政府補償，つまり金で片をつけることができたとしても，環境は戻らない。一方でダム建設には巨額の公金が投入されるため，それによって潤う立場の人々は確実に存在している。こうした様々な政治的・経済的な事情が，ダムの効果の専門的な見積もりに少なからず影響しているように見えるのである。

　もともと低頻度の大災害のリスクはその程度を事前に見積もるのは難しい。治水であれば100年200年のスパンで計画するが，その間に気候条件や社会条件，技術進歩や人口などのすべてが変化するからである。温暖化により豪雨回数が増えるかもしれないし，ますますの資産集積が進むかもしれない。逆に人口や土地利用が変化して，下流に守るべきものがなくなる可能性もある。こうした大きな不確実性の中で，科学的な議論を深めるのは仮に共通の専門的背景をもっていたとしても難しい。気候にしても社

会にしても技術にしても，未来予測はそう簡単にできるものではないのである。こうした議論はある想定のなかで行われるが，その想定をする段階に，様々な価値観や社会的立場が入り込む余地がある。

　八ッ場ダムの効果が一部の人々から「礼賛」を受けたのは，政治的な背景，あるいは経済的利害を抜きに考えることはできない。八ッ場ダムは，西の川辺川ダムとともに，有用性と環境保全のバランス論争やイデオロギー論争のシンボル的な存在であった。八ッ場ダムは1952年に計画が発表され，完成まで67年の歳月を要した。その間に世界的な脱ダムの動きがあったこともあり，民主党政権下で，いったんこれが凍結されている。八ッ場ダム礼賛は，この凍結の判断および，それを行った政党に対する間接的な批判となっているのである。もっとも，凍結で工期が延びたおかげで，台風19号の際にたまたまダムが空であったわけで，何が幸いするかは分からない。また，ダムの効果は下流に行くほど小さくなり，実際には八ッ場ダムの効果は過大評価されているのではないかとの専門家の意見もある（大熊，2020）。

　日本に限らず，ダムはケインズ的な財政出動の手段として世界中で肯定された時代があった。不況の際の大規模な財政出動が乗数効果を伴って，少なくとも短期的には経済を活性化させるという理論である。ニューディール政策の経済効果の評価は学派によって様々であるが，赤字国債による積極財政の発想の一部は今日のMMT（Modern Monetary Theory）に引き継がれている。「政府の借金は国民の資産」というMMTの主張は，帳簿上の左右の話であればその通りである。問題の一つは，財源が国債であると，資金の使途への国民のチェック機能が働きにくくなるという点であろう。国債の発行はそれ自身が目的ではなく，大事なのは使途の方だ。誰が使うか分からない地方のインフラから兵器まで，造ったものはなんであれ"資産"というわけにもいかない。本来であればダムにまつわる議論は，その有用性，コストパフォーマンスにおける他の治水手段との比較，ダムによる災害の低頻度巨大化の評価，環境への影響，親水空間や文化の持続可能性への影響の評価など様々な論点があってしかるべき

である。だが，エンドポイントが失業の解消，経済の活性化のみになると環境破壊への懸念などは過小評価されがちだ。まして，財源が国債の場合，担税感のなさが，国民から議論に参加するインセンティブをうばう。

　MMT の提唱者であるケルトン自身は，赤字国債によって調達した資金の使い道として環境政策，"グリーンニューディール"を主張している。だが，積極財政という手段が環境政策に集中的に向かう保証はどこにもない。もともとのケインズにしても，巨大構造物による環境や生態系の破壊，あるいは政府と業者の癒着による非効率な資源配分といった問題を，積極的に肯定する意図があってこの経済学を編み出したわけではなかろう。一人の人間の認知と将来予測の能力はつねに限定的である。国や時代，また出身ディシプリンによっても規定される。だからこそ非効率に見えても，様々な意見をくみ上げ，議論を戦わせるリスクコミュニケーションが不可欠なのである。

川を守った住民——吉野川第十堰の事例

　巨額の公金が動く河川事業はその金額の恩恵を受ける人々には大変な魅力がある。意思決定は様々な事情で行われるが，表に現れる名目は"治水"や"利水"である。多目的ダムの便利なところは，農業の衰退などに伴い利水の価値が落ちれば治水を強調し，治水の代替手段——たとえば遊水地や土地利用制限などが検討されれば利水のメリットを強調できるところにある。一般には治水と利水は専門が違うため，住民が反対の論戦を張るハードルは非常に高い。危ないかもしれないというのは誰にでも言えるが，代替手段等による安全性を示すには緻密な計算が必要である。また，生態系や親水環境などは，短期的な市場価値は持たないため，その価値を主張しにくい。漁業で生計を立てている人がいればその補償がなされるか，金銭的価値のある魚のための魚道が設けられる程度の"解決策"が示されることになる。自然豊かであった川が直線化され，三方護岸され，挙句の果てにダムによってせき止められる姿を見るのはつらい。ダム設置による

土砂の供給不足で発生する海岸後退は世界的に観察される現象だが，海岸後退を避けるためにテトラポットが積まれせっかくの海辺の風景が台無しになることもある。だが，こうした自然との共生，その文化的価値が評価される土壌は日本においては未成熟である。そして，ダムがなければ下流で河川が氾濫し人が亡くなるかもしれない，という議論に押し切られ土俵を割ることになる。

BOX.13-4

亀山さんの回顧録

　国立環境研究所のページにこんなエピソードが載っている。研究者の亀山氏は北大在学中，道内各地を回り釣りを楽しんでいたが，「同じ川に再び訪れるとダムができていたり川が真っ直ぐになっていたりで釣りにならず，悲しい思いをしたことが何度かあります」と述べ，「（ダムによる）水力発電は果たして自然にやさしくクリーンなのか？」という疑問から研究者になったと回顧している。

参考：国立環境研究所「環境儀」No.30, https://www.nies.go.jp/kanko/kankyogi/30/04-09.html (LA2021/03/19)

　徳島県吉野川の第十堰は住民の力が実った数少ない事例の一つである。吉野川は"四国三郎"と呼ばれる暴れ川であった。その氾濫のため稲作にはむかなかったが，川が運ぶ肥沃な土地が藍の栽培に適し，江戸時代にはその氾濫原で栽培された藍が阿波藩から全国に出荷されていた。第十堰は河口からおよそ14km地点の，かつて第十村と呼ばれた地域付近にある。上堰と下堰の二つの構造になっているが，下堰は1752年に築かれたものであり，上堰は明治になって完成している。この堰は現在の吉野川本流（旧別宮川）をせき上げ，旧吉野川（かつての吉野川本流）に農業に必要な水量を流すためのものである。建設当初，下堰は，青石と竹制の蛇篭にはいった石積みで作られていたという。蛇篭は中を水が通り抜けるため比較的壊れにくいものであったと思われるが，周辺の住民により頻繁にメインテナ

ンスが行われていたと伝えられる。現在はコンクリートに改修されている
が、一部に青石が残り、また堰の隙間を水が通るという透過性もあって魚
やエビなどの水生生物も多く群がる、大変美しい堰である。

　この第十堰を撤去し、可動堰を設置する案が動き出したのは1980年代
である。1983年に県議会で促進が決議され、翌年予備調査の実施、1991
年に事業着手が行われている。一方、計画の進行とともに、地元には可動
堰設置の反対運動が組織された。住民の運動は1998年には可動堰差し止
めの住民投票条例の直接請求につながっていくのだが、この3年前にあた
る1995年、本州最後の清流と言われた長良川に漁業関係者や環境保護団
体の反対を押し切った形で巨大な可動堰が設置された。長良川の漁師から
吉野川の住民には河口堰設置によってヘドロが堆積し、天然の鮎が激減し
ている[8]という情報が届けられていたが、吉野川可動堰反対派の最大の
懸念はこうした環境悪化の問題であった。

　このころ、長良川河口堰をはじめ、八ッ場ダムや諫早湾の"ギロチン"
など全国各地で大型公共事業の環境への影響懸念が大きくなっていた。こ
れに対して国は1997年に河川法を改正し、河川整備計画にあたって「人
と河川の豊かな触れ合いの確保等を総合的に考慮すること」とし、さらに
学識経験者や関係住民の意見を反映させることを求めるようになった。と
ころが、こうした視点から国が設置したはずの吉野川第十堰建設事業審議
委員会は、住民の強い反対にもかかわらず、建設を妥当とする答申をまと
めてしまうのである。

　環境問題のほかに地元が懸念したのは事業費であった。建設予算は当初、
1040億円とされており、この金額でも徳島県民一人あたり12万円を超える
ものであった。しかし、先行する長良川河口堰の建設費用は1600億円であ
り、吉野川の河口堰は長良川のそれより巨大であることから、実際には倍
近い金額になるであろうと予想されていた。河口堰やダムに限らず、当初7

---

8) 長良川はかつてアユの遡上で有名であったが、長良川の天然アユは2015年、岐阜県のレッ
　ドリスト（準絶滅危惧）に登録された。ただ、天然ものの遡上はなくても、人為的な放流に
　よって漁業資源としてのアユは確保されている。

千億円だったはずの予算が3兆円に膨らんだ東京五輪でもそうだが，事業費が当初予算よりも大幅に上回るのが日本の公共事業の常である。したがって2千億円の予想はむしろ控えめといってもよい数字だったと思われる。

　さて，事業費が高すぎるとして問題になるのは可動堰の必要性が認識されていないからにほかならない。これが仮に2千億円に加えて，毎年10億円の維持費が必要であったとしても，十分な必要性が認識されていれば高いという評価は出てこない。では可動堰の目的は何であったのかというと，今となってはよくわからないのである。計画当初の目的は塩害防止であった。ところが，1990年に可動堰が塩害防止とは無関係であることが明らかになり，当初の目的は消滅する。次に利水が持ち出されたが，徳島の水供給に不足は見られず，利水を目的とすることは無理だということが分かってくる。そして最後に残ったのが治水である。だが，この治水についても必要性が疑問視された（武田信一郎. 1998）。堰ができてから250年，大きな水害を経験しなかった地元にとって，治水目的での可動堰は湧いて出たような話であったろう。ただ，治水の"便利"なところは，過去250年間水害がなくても，向こう150年間に一度くらいは襲われるかもしれないと言うことは可能だということだ。長い時間がたてば気候変動もお

BOX. 13-5

無駄なものでいい？

　戦艦大和でもいい，穴を掘って埋めるだけでもいい，と述べたのはリチャード・クーである。筆者は「有効需要」の考え方を否定するつもりはないが，穴を掘って埋めるだけで効果があるなら，是非バーチャル空間でやってほしいと思っている。最近東京外環道といいリニアといい穴掘りがはやっているのだが，調布市のように穴掘りで上の住宅地が陥没してはかなわない。新築の家を壊さざるを得なくなった人もいるのだ。怖いのは「大深度法」には損害があるかもしれないという想定がないことである。つまり，リスクが考えられていない。なぜ事故が起きる前に（平時に）リスクの話をしないのか。

こるだろうし，水源の状況も変わり得る。かもしれないという話はどんな場所でも可能である。いずれの議論が正しいかはともかく，このように塩害→利水→治水と可動堰設置の目的が変わっていくこと自体，何かの対策のために科学的根拠をもって立案されたのではなく，公共事業による有効需要創出そのものが目的だったのではないかとの疑念を抱かせる。そうなると個々の論点——すなわち，利水や治水の必要性などに対して科学的論拠をもって反論する意味は薄れる。事業の目的がそもそもそこにはないからである。なにしろこの当時のケインズ的公共事業に関する議論は（日本だけでなく国際的にも），"無駄なものほど良い，戦艦大和のような無用の長物が理想的，穴を掘って埋めるだけでも良い"というようなものであり，自然環境や持続可能性などという論点は全くなく，話がかみ合うわけもなかったのである。

　結局，理詰めでは話にならず，数の力の出番となる。住民らはまず徳島市に対して，可動堰建設に関する住民投票条例の直接請求を行った。直接請求の署名者は有権者の実に49％に達したが，知事は「住民投票は必要ない」とする意見を付して議会に送り，市議会は請求を否決した。しかし，次の選挙で市民らは議会の勢力を逆転させ，条例の制定にいたったのである。この条例に基づいて2000年1月に実施された住民投票は，大型公共事業の是非を問うものとしては我が国初の住民投票となった。有効投票数のうち9割が可動堰反対であり，これをもって可動堰建設案は白紙に戻った。この後，市民団体の間に「白紙なのだからよく似た案を，市民が組織された徳島市から少し外れたところに持ち出せば反対できないだろう」という話があるという噂が流れたというが，現在のところ，第十堰は健在である。この直後の2001年に始まった小泉政権は，ダムや大型の河川構造物などを利用したケインズ的財政出動にそれほど積極的ではなかったこと，その底流にアメリカ経済学会の反ケインズ主義の広がりなどがあったことも幸いしたと思われる。この後，2009年に政権交代があり，一部のダム建設が凍結されたが，この中に八ッ場ダムがはいっていた。こうした背景からも八ッ場ダムの"有用性"の議論は"代理戦争"の場になりやすいの

である。

　さて，吉野川のエピソードの教訓の一つは，国が行う"リスクコミュニケーションらしきもの"は羽田新ルートのところでも論じたように，あまり機能しないと言うことである。河川法改正はその文面からは学識経験者や住民とのコミュニケーションを重んじ，その意見を勘案せよというように読める。第十堰審議委員会も形の上ではそのような目的で設置されている。しかし，委員のメンバーを決めるのは事業の推進側であり，結局は説得を目的とした組織と取られても仕方がないし，実際そのようにしか動かなかった。河川法に基づく環境影響評価についても，事業実施者（国）が実施する目的は，あくまで事業を実施するためのものであり，評価を見て実施を決めるといった趣旨ではない（亀山，1998）。つまり，結論は出ているので，それに調査を合わせ，ロジックを組み立てる，というような形のものになりやすいという問題点があるのである。これは，前章までで議論したリスクコミュニケーションとは似て非なるものであると言わざるを得ない。

アメリカのダム撤去の動き

　アメリカでは，環境意識の高まりを受け，2000年ごろからダム撤去の動きが見られる。これまでアメリカで撤去されたダムのほとんどは日本の「ダム」（高さ15 m以上）の定義には当てはまらない小規模なもので，理由は老朽化や役割の終わりである。「巨大ダム撤去」で話題になった，ワシントン州のエルワ川にあったエルワダムとグラインズ・キャニオンダムは，日本の定義においてもダムと呼ばれる部類に入るが，2012年に撤去されたエルワダムは32 mで貯水量1千万 m^3，2014年に撤去されたグラインズ・キャニオンダムは64 mで貯水量5千万 m^{3}であり，二つ合わせても高さ116 m，有効貯水量9千万 m^{3}に達する八ッ場ダムに及ばない。それでもダムが河川に与えた環境影響は甚大であり，その撤去は生態系回復の視点から好意的に受け止められている。コロラド大学による仮想評価

法（CVM）を使った支払い意思額の調査によると，二つのダムを撤去して，生態系を回復させるための国民の支払意思額は 30 ～ 60 億ドル / 年であり，「これはダム撤去に必要な費用（3 億ドル）の 10 倍以上であった」と報告されている（栗山，1997）。エルワ川のダム周辺はもともと先住民の多く住む地域で「あまりに多くのサケが遡上したため，群れの上を歩いて対岸まで渡ることができた」と言われたそうだが，ダム完成後はその姿はダムより上には見られなくなった。生態系や漁獲の回復には 30 年はかかると言われるが，ダム撤去はただ撤去されただけではなく，流域の生態系の回復を目的として計画されたため，「30 年後にはオリンピック国立公園を流れる約 100 km で，30 万匹ものサケが泳ぎ回ると期待されている再びサケが戻る日が期待されている」（National Geographic，2011.09.27）という。

　日本ではため池に過ぎないサイズの“ダム”であっても撤去による自然再生の効果への期待は大きい。メイン州のケネベック川にかかるエドワーズダムは 1999 年に撤去されたが，撤去から数年で水質は改善し，ストライプバス，アメリカンシャッド，絶滅危惧種のショートノーズチョウザメなどの魚類が復活し，漁業による経済効果が認められている（Crane，2009）。特筆すべきことは，魚を追って川を上るアザラシや，ハクトウワシや熊の姿が蘇るなど，周辺の生態系まで含めて回復が見られたことである。これがダムで分断された環境を流域全体で回復するということであり，単に漁業資源を確保するために魚道を設けたり，場合によっては卵や幼魚を上流で放流して済ませたりするような対策との違いである。

　ダムは流域のつながりを縦だけではなく横にも分断する。母川回帰する魚が上りにくくなる，また河口に適度な土砂が供給されないというのが縦の分断で，川が作る氾濫原やそこに生きる生物などと川とのつながりが断たれることが横の分断である。魚の卵をトラックで運んだとしても，この分断の影響は変わらず，値段の付く魚以外の生態系への影響は残る。川はその中と周囲に生物の住処を提供するというだけでなく，山と海との物質循環を担う道であって，人もかつては“横のつながり”を求めて川の側に住み始めたのである。

そうはいっても，実際問題としてダム撤去の動きは活発であるかといえ
ばそうとは言えない。現在，アメリカ全土で約 1800 基ほどのダムが撤去さ
れたが，これはアメリカにあるダム全体からみれば，ごく少数にとどまっ
ている。なにしろアメリカでは「独立宣言の署名以来，平均で 1 日に 1 基
のダムが建設されてきた」（前内務長官のブルース・バビット）のである。日本
では一基，熊本県の球磨川にあった荒瀬ダム（高さ約 25 m）が 2018 年に撤去
されている。

Note : ダム ────────────────────────────────

　ダムにはダムの生態系ができる場合もある。場合によっては魚の数が増える
こともある。ただし，この評価には専門的な知識が必要だ。ダム湖にはコイや
ブラックバスといった，本来はそこにはいないはずの外来の生物が多数生息し
ていることがあるからである。ブラックバスは周囲がコンクリートで固められ
たような場所でも繁殖ができるため，ダムに適応しやすい。一方，在来種で繁
殖に浅瀬や葦などを必要とする魚種は不利となる。コイはよく見られるが，も
ともとは中国産の外来魚である。場所によっては同じ中国産のソウギョやレン
ギョなどが放流されていることさえある。つまり，良し悪しの判断は別としても，
ダムは生態系を変えるのである。

──

ダム撤去の問題点

　ダムの撤去は簡単ではない。まず，建設と同じ程度の技術力がいるとさ
れること，そして莫大な費用が必要であることである。さらに，綿密な計
画とそれなりの時間と人手がいる。ダムは一気に破壊すればいいというも
のではない。ダムにもよるが，古いダムには大量の土砂などの堆積物がた
まっている場合があり，少しずつ堆積物を除去していかなければ下流に住
む生物に被害が及ぶ。つまりダム撤去作業そのものが生態系に影響を及ぼ
す可能性があるのである。

　費用も重要なネックである。前述のワシントン州の二つのダムでは 3 億
ドルの費用を要した。ドキュメンタリー "ダム ネイション" で知られる

カリフォルニアのマティリヤダムは，環境や教育などに寄付を行っている財団が5千万ドルの寄付を行うと表明したほか，アウトドア用品の会社などが中心となって2020年を目途に資金集めをしていた。

　個人的に筆者には，ダム撤去が巨大な墓仕舞いに見える。墓は立てる時も費用がかかるが，撤去するときも同様に手間と費用がかかる。気の重い作業が少子化で減りつつある子どもや孫の世代を待ち受けているのである。アメリカのダムは7割が50年以上前のもので，その多くが撤去検討の対象になりえるというが，日本でも列島改造論に合わせて一気にできたダムが，毎年一斉に年を取っている。

　もちろん，ほとんどのダムが負の遺産というわけではない。すでにできてしまったダムにはそれなりの役割がある。まず利水であるが，我が国の都市用水[9]は，そのおよそ73％をダムに依存している。都市用水がダムに依存するのは，表流水のほとんどが農業使用にリザーブされていて利用できないことが理由の一つである。わが国の水利用は淡水の67％が農業用であり，残りの3割程度を工業と生活利用で分け合っている（国土交通省，2019c）。河川からの取水など表流水に限って言えば8割が農業用と推計される[10]。日本のGDPのうち農業・林業の割合はあわせて約1％であるが，残りの経済と生活用水をあわせた水利用の73％をダムに頼っているのだとすれば，簡単にダムを壊せない理由は明らかだといえる。

　利水は水利用だけでなく，水力発電もある。ダムはただ発電ができるというだけではなく，揚水ダムであれば「電池」として働くため電力の安定供給に寄与する。仮にこの機能がなければ，大規模な電池が代替手段として必要となるだろう。我が国の再生エネルギー比率は20％を超えたが，この半分は水力なのである。水力も含めた再生可能エネルギーは「自然エネルギー」と呼ばれ，この言葉のイメージには環境調和的な含意があるように感じるが，水力発電は河川の生態系を分断する大規模なダ

9）生活用水と工業用水の合計。

10）農業は地下水利用が5％あまりであるのに対し，工業は3割ほどであるため。（農水省，2011）

ムがあってこそのものである。たとえば，日本一長い信濃川は，東京電力の西大滝ダムと，JR 東日本に電力を供給する宮中ダムでそれぞれ取水された水が，トンネルで，それぞれ約 30 km，40 km 下で放流されていた。このため，この間およそ 70 km の間は川にほとんど水がなく，川と言えるような状態ではなかった。この周辺は縄文時代から豊富なサケなど豊かな川によって文化が栄えた土地であったが，この「収奪ともいえる取水」は，2001 年に河川維持放流が行われるようになるまで続いたのである（大熊孝，1995）。こうした問題が“クリーン”な水力発電のコストに含まれるのである。もっとも，都内の河川などは片端から蓋をして土地利用されているので，水環境というのは長くその価値を認められてこなかったということであろう。

Note：水力発電

　水力発電は二酸化炭素を排出しないクリーンなエネルギーだと考えられているが，二酸化炭素は出さなくても温暖化ガスは出す，という研究は散見される。ダム湖の堆積物から発生するメタンガスが，思った以上に多いという実証である。メタンガスは二酸化炭素に比べるとはるかに強力な温暖化ガスであるため，これを過小評価すべきではない。ただこれは，おそらく，ダムのある場所や放流の条件など個別の条件によってかなり変わるものと思われる。

　最後の問題は水害である。ダムは水害を必ず軽減するとは限らないし，低頻度の大災害を巻き起こす危険もあると述べた。だが，全く無用かと言えばそうとも言えない。なぜなら下流の治水が，ダムがあることを前提に計算されているからである。したがって，ダムを除くのであれば，河川の掘削や遊水地の設置，あるいは土地利用制限などの代替案が必要となる。遊水地は，周辺の環境と調和的であり得る。たとえば渡良瀬遊水地は，ラムサール条約湿地に登録されている。とはいえ，河川の掘削は河口付近ではできないし，遊水地に適した広大な土地を手に入れることは場所によっては難しい。渡良瀬遊水地にしても，足尾銅山の鉱毒による廃村などの歴

史的背景があって今日に至っている。

平時にプランする

　水害対策のプランは本来であれば平時にしたほうがいい。他のリスク対策と同じである。プランなく，大水害に直面すると，混乱の中でばたばたと意思決定がなされ，無駄なものができたり，公平性をそこなったり，環境に取り返しのつかないインパクトを与える確率が高くなる。リスク・コミュニケーションも民主主義も忘れ去られる。逆になんらかの経済的メリットがあって，"戦艦ヤマト級の"公共事業を目論むのであれば，水害直後に持ち出すのが一番である。被災直後はどんな地域でも堅牢な構造物を求める声が強くなるからである。短絡な「命か環境か」といった類の二元論が出やすいのもこの時期である。ここには「リスク」つまり，確率に対する理解が抜け落ちている。大規模な構造物が必ず水害を防止するとは限らない。ダムにしても堤防にしても溢れることもあれば壊れることもある。災害後の"脳内シミュレーション"では，後付けで，まさに雨の降ったその場所にダムを置くものだが，次の水害も同じ場所に降った雨で起こるとは限らない。そして重要なことは，豪雨水害は地震災害と違い，多くの場合は事前に予想ができるため，命は避難で確実に救うことができるという点である。もし堅牢なハードがなければ早めの避難を促すことができた可能性さえある。つまり，「ハードがあれば命は救えます，ハードと環境のどちらを取りますか？」のような問いは，その前提自体が間違っているのである。

　平時であれば，このような理屈はだれもが理解できる。だが，災害直後はそうとは限らない。人は羹に懲りれば膾を吹くものであり，議論はできるだけ冷静な「平時」になされるべきものである。

それでもダムがあれば

　これまで，ハードに過剰にによる治水について，その危うさを指摘してきたが，それでも小さなダムかため池でもあれば，と思ったことはあるのでその事例を紹介する。

　2008 年 7 月 28 日，神戸の都賀川で小学生と保育園児を含む 5 人が亡くなった。上流での降雨による急激な水位の上昇のためである。神戸の河川は 1938 年の大水害の被害を受け，多くが直線化されている。河川直線化の目的はとにかく水を早く流すことである。都賀川も水を流すことを目的に直線化されて排水路と化していたが，その後官民一体の取り組みで親水空間が創設された。飛び石が配置され小魚も多く見られる，筆者も大好きな川の一つである。阪神・淡路大震災で断水した折にはこの川から水をくみ上げる人も多く見られ，衛生の維持などにも大きな役割を果たした。小さな子どもが遊んでいることもよく見られる風景である。

　さて，事故当日であるが，この川で子どもたちが遊んでいたあたりは 14 時ごろまで晴天であった。しかし，上流部が急激な豪雨に見舞われた結果，わずか 2 分で 1 m の水位上昇が観測されている。この突然の増水で 16 人が流され 11 人が救助されたものの，幼児，児童 3 人を含む 5 人が亡くなったのである。

　神戸は六甲山から海までの距離が短く，勾配が急である。しかも，都賀川は上流の排水域が住宅地であり道路も舗装されているため，降雨が一気に川に流れ込む構造になっている。もし豪雨時にのみ水を貯める仕組みがあれば，避難までの時間が稼げたかもしれないと思うのである。親水空間の創設は極めて価値の高い事業であったが，このような事故が防げなかったのは残念だ。

　一般論であるが，直線化され，護岸された河川は短時間での排水が可能であり，水害という観点からはメリットがある。ただ，生態系を考えると，直線化によって瀬や淵といった河川の形状が失われ，それによって生きている魚類や水生昆虫に大きな影響を与える。直線化もダムの建造と同じで

生態系や環境の価値については過小評価され続けてきたのである。

多自然 (型) 川づくり

　巨大構造物による治水は，様々な形で川や流域の生態系に影響を与える。ダム撤去運動などにその典型をみる環境保全意識の高まりは，日本だけでなく世界的な流れであった。長良川に河口堰が建設され，吉野川の第十堰反対運動が過熱していた 1990 年代であるが，建設省は 1990 年に「多自然型川づくり」というコンセプトを打ち出し，「多自然型川づくり実施要領」を策定して通達している。その内容は「「多自然型川づくり」とは，河川が本来有している生物の良好な成育環境に配慮し，あわせて美しい自然景観 を保全あるいは創出する<u>事業の実施をいう</u>」(国土交通省，2009) というものであった。下線部は元の資料のままであるが，こうした分野にも建設省管轄の事業が参入する余地をのこしているように読める。

　この通達から 16 年後の 2006 年，国交省は「多自然型川づくり」を廃し，新たに「多自然川づくり」というコンセプトを出している。「型」をとったのは，「ある型」にあてはめればよいという考えを改めるためで，「多自然型川づくりが始まって以来，多自然型川づくりが定着しつつある一方で，依然として画一的な標準横断形で計画したり，河床や水際を単調にするなど，課題の残る川づくりもまだ多く見られます」(国土交通省，2006) としている。国交省によると多自然川づくりとは，「河川全体の自然の営みを視野に入れ，地域の暮らしや歴史・文化との調和にも配慮し，河川が本来有している生物の生息・生育・繁殖環境及び多様な河川景観を保全・創出するために，河川管理を行うこ

Fig.13-1　「多自然『型』川づくり」，いつ定着したのだろう？ (2021 年，東京)

と」であり，対象は「すべての一級河川，二級河川及び準用河川における調査，計画，設計，施工，維持管理等の河川管理におけるすべての行為」である。

　都会に住んでいると「すべての河川におけるすべての行為」というところに若干の違和感を覚えるが，1990 年の多自然型川づくりの方針が出された 12 年後の 2002 年には河川工事総数の約 7 割にこの方式が適用されている（環境省, 2009）。

　長良川の河口堰も，直接川に対してではないが，本明川河口，諫早湾の潮受け堤防閉門（いわゆるギロチン）も，多自然型川づくりの方針が出された以降に行われた大工事である。吉野川の第十堰が住民の力でようやく中止されたのも 2000 年であり，多自然型川づくりから 8 年もたっている。八ッ場ダムが多くの専門家の疑問の声を遮って完成したのは新しい多自然川づくりの方針が示された後であるし，近年では尺アユで有名で，地元の反対も根強い川辺川ダム建設計画が復活している。川辺川ダム計画は 2020 年の球磨川水害を機に復活したが，九州地方整備局は，九州豪雨の 1.3 倍程度の雨で緊急放流の可能性があるという計算を行いながら公表せず破棄したと報じられている。この試算が実在したかどうかは確認のしようがないが，もしあったとしたなら公表すべきであったろう。多自然川づくりのコンセプトには「地域の暮らしや歴史・文化との調和」が謳われているのだから，ダムを造るなら造るで，すべての試算やデータを公開した上で，広く地域住民の意見を聞くのが筋である。

　多自然川づくりのコンセプト自体はよくできていると感じる。また 1997 年の河川法改正で住民参加の理念が入れられたのも前進である。看板が整ったことは評価すべきなのかもしれない。

川づくり関連年表

1990	国交省「多自然型川づくり実施要領」策定
1994	長良川河口堰竣工
1997	諫早湾潮受け堤防閉門
1997	河川法改正
1998	「美しい山河を守る災害復旧基本方針」（ガイドライン）策定
2000	吉野川第十堰住民投票実施
2000	「八ッ場ダムの建設に関する基本計画」策定
2006	「多自然川づくり基本指針」の通達
2010	「中小河川に関する河道計画の技術基準について」[11] の改定
2019	八ッ場ダム試験湛水開始

14. 進化するソフト対策

総合的な対策で命を守る

　先進的なハード対策には，安心感などによるリスクの拡大が考えられると議論した。アメリカで構造物頼みの水害対策から，様々な手段を混合した対策に移行しだしたのは 1960 年代末のことである。情報提供などの手段も合わせて，総合的に水害のリスクを軽減する方向に舵をきったのである（Burton et al., 1993）。地震など突然襲ってくる災害と違い，水害は事前に予想ができる。また河川の傍や凹地など水につきやすい場所もあらかじめ分かっている。したがって早期の避難で少なくとも人的被害は避けられる。この重要性は以前より認識されてはいたが，近年，度重なる豪雨水害で国民の間にも浸透してきているように感じられる。

11）中小河川においても多自然川づくりを推進するためのもの。

早期避難の重要性

　早期避難の重要性は，考え方としては一般には浸透してきたが，実際に危機に直面した人が早めの避難を実施するかどうかはまた別の話である。2018年の西日本豪雨水害における各自治体の報告では，避難所に避難した人の割合は避難勧告等対象人数のわずか0.5％であった（中央防災会議, 2018）。これは，自治体が把握した人数なので，実際にはより多くの人が自主的に避難したとは思われるが，広島市の調査によると，調査対象地域で「避難した」人の割合は22.1％であり，73.7％は「避難しなかった」と答えている。西日本豪雨水害は237名の死者を出す大災害であり，このなかには住民の避難誘導にあたっていた最中に濁流に呑まれ殉職した警察官も含まれている。この災害で，最も被害が大きかったのは115名の死者を出した広島県であるが，広島県は2014年8月の豪雨災害でも大きな被害に遭った地域である。同調査の対象にはこの時の被災地域も含まれている。2014年の豪雨の際，広島での被害は主に土砂崩れによるものであったが，広島県内の直接死74名のほとんどが家屋内での被災で亡くなっている。この経験をもつ広島県の住民であれば避難の重要性に対する認知は他府県より高くても不思議ではない。それでも7割以上の人が避難をしていなかったことから避難のハードルの高さが伺えるのである。

　同調査には，何が避難の決め手となったのかという質問項目があり，避難の決め手として「避難勧告の発令」と回答した人，および「（緊急）避難指示」と回答した人は，それぞれは2.1％，6.3％に留まっている。最大の決め手は「雨の降り方で身の危険を感じたから」（24.2%）であった。自分で危険を察知しての避難はきわめて重要ではあるものの，浸水のタイミングが早朝や深夜であると逃げ遅れる可能性が高くなる。堤防の決壊やダムの緊急放流などで外水が流れ込むと，溢れた水の水位は，僅かな間に急速に高くなる。西日本豪雨水害で多数の被害が出たのは，氾濫のタイミングが深夜から早朝にかけてであったことも要因の一つと考えられよう。真備地区に避難勧告が発令されたのは7月6日の22時，小田川の堤防が決壊

したのが推定で7日の午前3時20分頃であった。岡山県倉敷市では，西日本豪雨水害での死者は関連死を除くと51名，うち44人が自宅で亡くなっていた（岡山県，2019）。そしてそのうち42人が自宅の「1階」で亡くなったと報じられているが（朝日デジタル，2018），浸水深は最大5mに及んでおり，これは家屋の一階では生き延びられない深さである。

　こうした経験等を踏まえ，早めの避難行動を促す目的で，2021年4月，災害対策基本法の改正が決まった。これにより，同年5月に防災基本計画の修正がなされている。コンセプトの変更点は「災害発生時の対応」から，「災害の発生のおそれがある時点での対応」の重要性が打ち出されたことである。リスクが予想される段階で迅速な対応ができれば，被害の軽減につながる。これが明示的に示されたことの意義は大きい。より身近な変更としては，これまで警戒度に応じて「避難勧告」，「避難指示」の2段階から「避難勧告」を廃止して「避難指示」に一本化されたことがある。これは，避難勧告と避難指示のどちらが深刻な状況なのか国民に伝わりにくいという意見を反映してのものと思われる。勧告は「勧め」であり緊急度は低いのだが，字の印象が固いためか，命令に近いニュアンスの「指示」より警戒度が高いとの勘違いが起きていた。今回の変更により5段階の警戒レベルに応じて

　　警戒レベル3 「高齢者等避難」
　　警戒レベル4 「避難指示」
　　警戒レベル5 「緊急安全確保」

となる。

　レベル5の緊急安全確保は，避難さえ難しいほどの切迫した状況に対して出される可能性があるもので，避難はレベル4までに完了していることが望ましく，出番がないことが望まれている。

　早めの避難が重要なのは，水害の場合，場所によっては避難所までの経路が浸水や土砂崩れによる道路の寸断で使えなくなる可能性があるためだ。避難所に向かう途中に増水した川の橋を渡らなければならないケースなどもあり，タイミングによっては指定避難所に避難するのがより

安全だとは言えない。東日本大震災の際には津波により跡形もなく崩壊した避難所もあったが，ここまでではなくても2000年の東海豪雨水害時には避難所自体が浸水したところがあった。日本の指定避難所は阪神・淡路大震災以降，その経験をふまえて各地に広がったが，当時は主に地震を想定して設置されたため，水災害については考えられていないところもあったのである。

　水害は突然襲ってくるものではないため，自宅からの避難になる人が多いと思われる。日ごろから自宅周辺の地形を良く知り，家族の状況に合わせてふさわしい避難先を決め，また避難経路をあらかじめ考えておくことが望ましい。

BOX. 14-1

西日本豪雨水害での真備町における
避難指示のタイミング

・7月6日22時00分—真備地区域に避難勧告発令

・6日23時45分　　—真備地区（小田川の南側）避難指示（緊急）発令

・7日1時30分　　—真備地区（小田川の北側）避難指示（緊急）発令

・7日3時ごろ　　—小田川ピーク水位に達する

・7日3時20分ごろ—小田川左岸下流から3,400m地点で破堤

Source:・国土交通省 平成30年7月豪雨災害の概要と被害の特徴
・国土交通省「高梁川水系小田川堤防調査委員会配布資料」
http://www.cgr.mlit.go.jp/emergency/2018/pdf/05
odagawahaifu.pdf (L.A. 2021/07/09)

　真備地区は高梁川と支流の小田川の合流地点の街である。小田川にはさらに支流の末政川が流れこんでいるが，この末政川の両岸は住宅街となっている。西日本豪雨では，まず高梁川の水位が上昇し，その背水の影響で小田川の水位が上昇，さらに同様のメカニズムで小田川に流れ込む支流の末政川の水位が上昇した。その圧力などで末政川の右岸が破堤し，氾濫水と小田川の越水で合流点付近の堤内（末政川西側）の水位が上った。そして

小田川左岸が決壊して堤内の水位が急上昇し，その氾濫流が右岸を超えて末吉川に流れ込んで末吉川の左岸（東側）が破堤した。7日の午前11：30分ごろからようやく小田川の水位が下がり始めるが，その後14：30分ごろ，内水位と外水位の逆転現象が起こる。つまり，堤防の外側（川側）の水位が堤防の内側（街側）よりも水位が低かったということだ。地域からなかなか水がはけなかったことを意味している。

Fig.14-1　真備地区の周辺地図（google Map）

避難指示の難しさ

　避難指示は，気象庁からもたらされる防災気象情報などを参考に自治体が発令する。判断基準に関する国のマニュアルは，「人的被害の発生する危険性が非常に高いと判断された状況」などのような形となっており，実際にどのような状況が該当するのかについては自治体の判断にゆだねられる。河川の水位が一定水準を超えた場合，上流のダムが緊急放流の準備に入るような状況など様々な経験則はあるが，地形や河川の状態などは自治体ごとに異なっているので，他の自治体の基準がそのまま当てはまるわけではない。内閣府（2009）が行ったアンケート調査によると，この年避難勧告・避難指示を出した108の自治体のうち，地方気象台等からの呼びかけによっての発令は8自治体であり，86自治体が「自ら危険が切迫していると認識した」としている。あくまで自治体が情報収集し，独自に判断するということである。自治体の職員は被災地域の住民であり，地域をよ

く知るというアドバンテージは大きいものの，自身や家族の身を心配しなければならない立場でもある。また非常時の混乱の中での判断が簡単なものではないことは想像に難くない。しかし，発出するのは自治体である以上，早すぎても遅すぎても批判の対象は自治体となる。

　避難指示が遅れると，「空振りになってもいいではないか，早いに越したことはない」との世論が盛り上がる。遅れによって，あるいは指示ができなかったことによって逃げなかった人が亡くなる場合もあるからだ。筆者も早期の指示には同意だが，この正論にもいくつかのリスクはある。まず，コロナ禍における "緊急事態宣言" と同じで，あまり度々発令されると効果が薄れてくること，特に空振りが多ければ警戒心は確実に薄れる。アメリカの学生寮ではあまりにも度々火災警報が鳴るため，警報が鳴っても部屋に留まる学生も多い。だから悪戯で警報機を発動させることには厳しい処分が待っているのだが，空振りに近い避難指示は100％の善意でしかも規則にもとづくものであっても，受け手に同様の効果を与える，つまりオオカミ少年になってしまう可能性があることは承知しておかなければならない。

　もう一つの懸念は空き巣等の犯罪の増加である。住民の避難で町が空になれば，自動的に彼らにとって "仕事" がしやすい環境が整う。しかもどこで空になっているかの情報が広く提供されるのである。SNS に旅行の予定をアップすると，空き巣を呼び寄せるので注意が必要と言われるが，この情報提供が町ぐるみで行われることになるというわけだ。現在の日本においても，格差拡大などの影響もあり，このような犯罪リスクがゼロであるとは言いきれない。同じく犯罪の事例であるが，被災地域で不法投棄が増加することがある。被災後は粗大ごみも含めて公費での処理が行われる。これを見越して個人か業者かは分からないが，被災地にごみを捨てていくのだという。これらの犯罪は，命に係わる重大事とは言えないが，それでも自治体のスタッフを含めてその地域に住む人々には二重三重の心労となるだろう。そのほかに避難指示が遅れる大きな要因としては，正常性バイアスの存在が考えられる。

ただ，人は避難指示が出なければ逃げられないわけではない。「釜石の奇跡」を導いたとされる防災学者の片田敏孝（2012）は，「あなたは『行政』に逃げろと言われなければ逃げられないのですか」と問いかける。片田は「主体性のなさは，行政主体の防災が作り出した甘えである」と断じ，「自らの命を守るのに主体的であれ」と説くのである。仮に避難指示が遅れたとしても，自らを助けるだけの知識と行動が求められるのかもしれない。

正常性バイアスとその克服

　人々が危険を認知し，行動に移すのは何時も簡単というわけではない。一つには正常性バイアスと呼ばれる認知機能に由来する。広瀬（2004）は，韓国でおきた地下鉄火災の例を挙げて，突発的な危機に面した場合，人はパニックに陥って誤った方向に突進するのではなく，むしろ正常性バイアスによって逃げ遅れるものだと論じている。この地下鉄火災はテグ市でおきたもので死者198名という大災害であった。ところが，乗客によって撮影された映像には，煙が侵入してきているにもかかわらず，辛抱強く同じ姿勢でその場にとどまっている乗客の姿が映し出されているのである。こうした正常性バイアスは，警察や消防といった現場のエキスパートにも現れることがあり，また心理学の実験でも確認されている。広瀬（2004）は災害時に人がパニックに陥りやすいという「神話」から脱却し，むしろ正常性バイアスの危険性を認識すべきだと述べている。

　前述の片田は特に防災教育に力を入れている学者であるが，子どもたちには「率先避難者たれ」と教えている。東日本大震災のその日，釜石市にある釜石東中学校の生徒たちが，避難の指示が出る前に「津波がくるぞ」と叫びながら高台にむかって走り出したという。隣の鵜住居小学校にも同じ呼びかけをして走り続けた。この時，鵜住居小学校の校舎は，耐震補強が終わったばかりの3階建てで，しかもハザードマップでは津波が来ないエリアであった。そのため，小学校の教員は子どもたちを3階に誘導していたが，隣の中学生のただならない様子に，避難の列に加わる。のちに，

この小学校の校舎の3階に自動車が突き刺さっていたのが発見されている
ので，もし避難できなければ多くの犠牲が出ていたと思われる。

　ハザードマップという行政からの情報と，正常性バイアスを考え合わせ
れば，鵜住居小学校の児童が避難できたことは文字通り奇跡に近い。中学
生が声をかけながら走っていなければ，避難はかなわなかったであろう。
"正常性"が脳のバイアスなら，"群れに従う"のも脳のバイアスの一つで
ある。このバイアスを利用して，真っ先に逃げることによって人を導け
というのが，片田の教えなのである。率先避難者となるためには，人間に
は正常性バイアスがあり，自らがそのバイアスに支配される存在であるこ
とをまず認識しなければならない。また避難訓練を繰り返すことによって，
避難行動に慣れ，避難もまた正常な行動の一部であると脳に教育していく
必要があるだろう。平時から，つまり危機に直面する前に訓練をし，自分
の脳を"鍛えて"おくことも，重要な備えの一つなのである。

避難が難しい人々

　以上のように避難指示が遅れる要因は複数ある。一方で避難指示が出て
も避難しにくい，あるいは避難したくない理由もある。警戒レベル3で
"高齢者等"とあるのは，避難が難しい人に早めの避難を促すものである。
ここには高齢者だけではなく，病気療養者，肢体不自由者，妊娠中の女性
や乳児のいる家庭なども含まれる。認知症や寝たきりの高齢者，最期を自
宅で迎えたいという末期の癌患者，そして自宅療養中の感染症患者，そし
て重度の病気や障碍があって普段から医療機器に囲まれて暮らしている
人など移動に伴う困難の程度は様々だ。大人だけでなく医療的ケア児もい
る。特に在宅で医療機器が必要な人の移動は機器の重さもあり難しい。た
とえば酸素一つでも，日本で在宅酸素療法を行いながら生活している人は，
2015年時点で16万5千人と推計されている（植木, 2016）。もちろん単に
重いというだけではなく，移動が患者に与えるストレスも勘案しなければ
ならない。こう考えると，避難指示の空振りにはリスクが伴うのだと言う

ことが分かる。本当に避難が必要であれば，個々の年齢や病状に合わせた特別の支援が必要で，そうした仕組みも合わせて整えていかなければならない。もちろん受け入れ側の避難所の整備も必要である。体育館に段ボールを敷いておけばよい人ばかりではない。

　感染症の患者の避難や受け入れにも特有の難しさがある。非感染者との接触を避けるために場所や動線を分けなければならないからである。COVID-19の感染が拡大した結果，2021年8月現在，自宅療養中の患者が日本全国に13万人余りいる。避難所で感染者をどのように受け入れるか，各自治体が検討を重ね，準備がすすめられている段階である。東京都のガイドラインには，軽症者等であっても原則として「一般の避難所に滞在することは適当ではない」との記述があり，"できれば受け入れたくない"との気持ちがはっきりと読み取れる。だが，やむを得ない場合については，①感染者（自宅療養者），③濃厚接触者，③感染の疑いのある症状のある人（咳や発熱のある人）をそれぞれ別々に，一般避難者から隔離するように求めている。2020年7月にコロナ禍で実際に豪雨水害に見舞われた熊本県のガイドラインでは，避難所の感染症対策として三密を避け，「発熱，咳等の症状が出た者には専用のスペースを確保する」とある。都ガイドラインには症状があってもコロナとは限らない，また濃厚接触者などは症状がなくても感染の可能性があるなどの観点が織り込まれているのに対し，熊本県のガイドラインでは症状がある被災者のみを感染症の疑いありとしており，改善が必要であるように読める。できる限り個室でとしている点は評価されるべきであるが，被災者の数が多い自治体で個室隔離が可能かどうかはわからない。感染症で自宅療養中の患者が，どこでどのように受け入れられるのかについては，自治体によって方法も準備状況もまちまちである。感染者が入院できないままに亡くなる事例が30代など若い世代も含めて報告されるようになっているが，無症状ならともかく自宅で酸素投与などを余儀なくされている患者を受け入れるだけの余力のある自治体がどれだけあるのか。災害時に酸素投与可能な施設があるのであれば，災害もないのに自宅療養中の患者の死亡が次々に発表されている現在の状

況があるわけがない。

　COVID-19による世界的な感染の広がりは，しばしば未曾有の危機と表現されるが，感染症の拡大は歴史上何度も経験されていることであり，予見不可能でもなければ空前絶後でもない。豪雨水害も毎年，各地で繰り返されている災害である。今回の経験で得られた知見を整理，分析し次の禍に備えることが重要である。

ペットを連れての避難

　避難をためらう，また避難先として車中泊を選択する人々の中にはペットの飼育を理由とする人も多い。環境省（2013）は災害時には，同行避難，つまりペットを連れての避難を原則としている。近年少しずつ，ペットを受け入れる避難所は増えているものの，周囲の人のアレルギーの問題や，水を含めた物資の不足などの問題も解決済みというわけではない。また想定されているのは小型犬や猫や鳥，しかも1匹や2匹であり，多頭飼いや蛇などの爬虫類は困難であろうと考えられる。仮に自治体が受け入れ可としたとしても，周囲の目の厳しさは容易に想像できる。避難所では人間でさえ最低の扱いであるからだ。

　ペット飼育者の場合，指定避難所ではなく，その付近も含めて車中泊を選択する人は多い。2016年の熊本震災の際の研究では，ペットがいる人が車中泊を選択する可能性が有意に高いことが示されている（吉田ら，2018）。自家用車はプライバシーも守られ，またペットがいても周囲の迷惑となる可能性は低い。だが，地方なら車の所有は多いが，都市部では誰もが選択できるオプションではない。たとえば東京都における一世帯当たりの自家用車の所有数は0.4，つまり車を所有している世帯は平均で2世帯に1世帯もない。

　もっとも，車中泊というオプションはとれたとしても必ずしも推奨されるわけではない。車中泊には特にエコノミークラス症候群の高いリスクが報告されているからである。エコノミークラス症候群は中越地震の際に広

く社会に認識されるようになった。震災後，被災者から 11 例の肺血栓症が報告され，そのうち 4 名が死亡したが，死亡したのはすべて車中泊をしていた被災者であった。一方で，車中泊を一つの選択肢として積極的に位置づけてはどうかという意見もある（金・加藤，2020）。特にパンデミック下での避難の場合，車のほうが感染リスクはかなり低い。またプライバシーも避難所に比べれば保たれる。最近のワンボックスカーは宿泊設備を整えてレジャーで利用されることもよくあり，専用のベッドやカーテンなども売られている。特にペットのいる人は，こうした車を購入するのも災害への備えの一つのオプションであるかもしれない。

急がれる避難所の改良

　血栓による災害関連死は車中泊だけでみられるものではなく，指定避難所においても同様のリスクがある。東日本大震災の際にも，避難所の被災者に深部静脈血栓症（DVT）のリスクが高いことが報告されている（植田，2012）。原因として指摘されているのは，避難生活における日常活動の低下，またトイレの利用を嫌がって水分摂取を控えることなどである。トイレの使用忌避については，これまでも度々指摘されてきたが，2016 年の熊本地震の避難所でも同じ問題が報告されている（内閣府，2016）。NHK が報じた，熊本地震で関連死した男性の遺族によると，

　　避難所は「寝返りを打つのも難しいような狭いスペース」
　　「トイレは汚いし並ぶ。行かずに済むよう飲まず食わず」
　　「地獄のような環境だった」という。

（NHK 災害列島 2018.05.01）

　これは筆者が東日本大震災の被災者から聞いた状況とほぼ同じで，この報道の通りだとすると，東日本大震災から熊本地震発生までの 5 年の間に避難所の改善はあまり進んでいなかったということになる。熊本地震でエ

コノミークラス症候群を含め，災害関連死とされたのは 200 人を超えているが，これは地震で直接死亡した人数（警察が検視により確認している人）の 4 倍を上回るものである。関連死のすべてが車中泊や避難所生活と関係しているわけではないが，避難所の環境によってせっかく助かった命が失われるのは看過されるべき問題ではない。

　筆者は肢体不自由でもなければ，乳児もいないしペットも飼育していないが，このような避難所に早期に行きたいかと言えばそれは NO である。地域やそれぞれの避難所によって差はあるものと思うが，不衛生なトイレやプライバシーのない空間，それどころか，女性に対する暴行などもあるという環境に押し込められることは，それ自体が災害である。命さえ助かればそれだけで有難いという感謝の気持ちは尊い。だが，それは最低限のラインであり，最低に留まり続けることが肯定されるわけではない。

　避難所におけるもう一つの問題は水や食料の確保と配分である。災害発生直後はやむをえないにしても，配給される食糧は少なくかつ炭水化物に偏っており，東日本大震災の際には避難所における栄養不足の問題が指摘されている（小島, 2013）。一方で，各地からの支援物資の食料品が使われないまま期限切れを迎えることがある。支援物資は，様々なものが思いつくままに送られてくる。これを仕分けし，避難所に配布するのは大変な労力であり，保存場所の確保にも人手がいる。被災者の数が限られているのならともかく，阪神・淡路大震災（ピーク時およそ 30 万人），東日本大震災（同 38 万人）のように，数十万人が 1,000 を超える避難所に避難するような場合には大きな混乱が起きないほうが不思議であるといえよう。ただ，そうした混乱が起きるであろうことを前提に，脳内シミュレーションだけでも行い問題を洗い出しておくことは重要である。そうでなければ，コロナ対応のように，あらゆることが「初めての経験」で見過ごされることになるだろう。

　避難所の物資配布で阪神・淡路大震災のころから指摘され，東日本大震災時でも相変わらず指摘されていたものに「平等」の罠がある。ある物資の量が避難所の全員分に足りなければ，受け入れを断ったり廃棄したりと

いうことがあるのだという。足りなければ不満が出るためで，とにかく同じものの数が揃うことが重要だというのである。しかし，"数的平等"は実際には不平等である。まずは全員にいきわたれば可という考え方は，すべての人々の必要量を同じと見て，人数割りで配布を決めるということと同義である。しかし，たとえば高校生と筆者（中年）とでは，同じ性別，同じ身長・体重であっても必要となるカロリーもたんぱく質の量も異なる。頭割りでの「平等」は必要量に対する充足率で見れば著しく不平等，経済学的に言えば，資源の非効率なアロケーションであると言える。東日本の際には，嚥下障害の人のための流動食なども支援物資として届けられたが，山積みにされたままであったという（小島，2013）。災害直後のとにかく命を守らなければいけないフェーズでは混乱や物資不足を避けることは難しい。命にはるかに高い優先順位が置かれるのは当然のことだからである。だが"平等の罠"が伝えられているのは，物流が再開して以降のことであり，問題の指摘を受けてその都度改善する姿勢は重要である。

スフィア基準

　避難所も含めた災害支援現場で守るべき考え方に国際赤十字の「人道憲章と人道対応に関する最低基準」（通称スフィア基準）がある。スフィア基準はルワンダの難民キャンプでの悲劇から生まれたと言われる概念で，せっかく生き延びた人々が，予防可能な感染症で命を落とした反省から提唱された。スフィア基準の理念に「災害や紛争の被災者には尊厳ある生活を営む権利があり，したがって，援助を受ける権利がある」があるが，はたして日本の避難所は被災者が尊厳ある生活を営める場所となっているのか。ルワンダと比較されるべきレベルでこそないかもしれないが，先進国のそれとも言えない。実態は尊厳どころか，狭い空間に閉じ込められたことに端を発する災害関連死さえ認められるような状態であり，先進国の避難施設というよりは"難民キャンプなみ"というのがその評価である。スフィア基準では，被災者の人権と尊厳の観点から以下のように具体的な基準を

提唱している。

　・1 人あたり 3.5 m² の広さを確保すること
　・世帯ごとに十分に覆いのある独立した生活空間を確保すること
　・最適な快適温度，換気と保護を提供すること
　・トイレは 20 人に一つ以上。男女別で使えること。女性のトイレは男
　　性の 3 倍以上必要

　諸外国ではこうした基準に基づき，早い段階で家族ごとに一張の大型テ
ントやベッド，清潔なトイレなどが整えられている。例えばイタリアでは
災害があると，真っ先に車いす用のスロープまでついた広く清潔なトイレ
が届けられ，次にワインも供されるキッチンカー，そして断熱性能のよい
テントと寝心地のよいベッドが届けられるという（ダイヤモンドオンライン，
2018）。イタリアの避難所について筆者は 20 年近く前に何かの勉強会で耳
にして日本もやがてそうなるのだと信じていたが，日本ではいまもって体
育館に雑魚寝という状況なのは残念である。

Make 避難 "sexy"

　2019 年に，環境関係の国連総会でニューヨークを訪れていた日本の小
泉環境相（当時）が記者会見で気候変動への取り組みについて "fun で cool
で sexy" にしようと発言した。ここでいう sexy には一時的に的外れな批
判が浴びせられたが，これは隣席したコスタリカの外交官で気候変動枠組
条約の第 4 代事務局長を務めたクリスティアナ・フィゲレス氏の持論であ
る "Let's make green sexy"（環境（への取り組み）を，魅力的にしましょう）を意
識したもので，"気候変動への取り組みは楽しく，カッコよく，そして素
敵なものにしようよ"，という程度の意味である。

　何かを続けようとしたり，社会に定着させようとしたりするなら，何か
しら楽しく魅力的な部分が必要だ。気候変動への取り組みであれ，コロナ
対策であれ，○○警察による監視に頼るようでは持続しないし苦しい。避

難行動も同様で，さきに紹介したイタリアのキッチンカーは食事がおいしいので，『帰らないでくれ！』と言われるほどだというが，避難先にこのくらいの楽しみがなければ，早期避難などしたいわけがない。ある学生が，早期避難を促すために「指定避難所で，超レアなポケモンが手にはいるというのはどうでしょう？」という提案をしてくれた。東日本大震災のような突然で巨大な災害ではそれどころではなく，また多くの人が亡くなっている場合は不謹慎といえよう。だが，水害が予想される場合の「事前の」避難であれば，なにかしらのインセンティブがあってもよい（ポケモンがfun で sexy かどうかは別の話だが）。

　大きな災害時に迅速に，充実した避難設備を提供することは被災自治体には難しい。自治体で働く職員も多くが被災者であるからだ。これは国が責任をもって，資材や設備をあらかじめストックしておき，被災地外から届けられるべきものである。ハード建築のみが"国土強靭化"ではない。こうしたシステムの設備も重要な要素なのである。もちろん，普段使わない避難施設に対する投資は災害がなければ無駄になる，いうなれば保険のようなものだ。だが，戦争がなければ無駄になる兵器と同じで，緊急時のための社会インフラとして，一定水準の投資がなされることには納税者国民の合意を諮る価値があろう。

後おしのためのプチ保険

　個人的には自主避難を促す，ちょっとした，プチ保険のようなものがあったら嬉しいのにと思っている。たとえば，豪雨が予想され，警戒レベルが3以上になった場合は近隣のホテルに半額で泊まることができる，という保険はどうか。当人の損害の有無にかかわらず自動発動とするのだ。少し贅沢かもしれないが，ホテル利用の自主避難者が多ければ自治体の避難所運営はそれだけ楽になる。つまり利益は本人だけのものではない。ホテルサイドも，豪雨予報でキャンセルになった部屋を埋めることができるかもしれないし，社会貢献ホテルとして宣伝にもなる。保険料率は需給バランスで変わることになろうが，"ウェルカムドリンクとしてワイン付き"，などであれば，筆者ならすぐに避難する。

渋谷アロープロジェクト

　2020年，渋谷の町に突如出現したアロープロジェクトも cool で fun だ。渋谷区によるとアロープロジェクトとは，「発災時，一時的に退避する安全場所である「一時退避場所」の位置を，外国人を含めた多くの来街者に認知してもらうため，日頃から人々の注目を集めるようなアート性あふれるデザインの「矢印サイン」を製作し，帰宅困難者対策の一助を担うプロジェクト」である。つまり，デザインやアートで，避難所の方向を矢印で示そうというものだ。高架下やビルの壁面などに，複数のアーティストが矢印を描くなどしているものである。

　2021年某日，試みにゼミの学生とともに矢印をたどってみた。

　アイディアはとてもよく，アート巡りは楽しかった。だが，結論からいうと，まだまだ数が少な

Fig. 14-2　ゼミ生とともにアローをたどる遠足を実施（2021年）

い。実は目的地の一つは我々の大学のキャンパスであったが，最後の矢印から大学まではかなりの距離があり，このヒントだけではたどり着けない。しかも，下の地図に示すように，山手線の高架が二つ並んでいて，それぞれにペイントがあるのだが，並んでいる高架の矢印が反対の方向を示しており，初めて見たら迷うだろうと思う。一つは青山学院大学，一つは代々木公園を示していると思われるのだが，その方向が真逆なのである。さらにいうと，代々木公園に行くには矢印方向道なりではなく，鋭角に右に曲がる必要がある。もしかしたら，両方とも目的地は青学で，道なりに180度回れという意味なのかもしれないが，この場合ただの遠回りとなる。

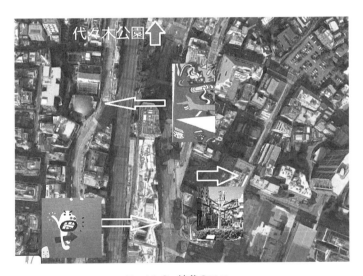

Fig.14-3　渋谷のアロー

矢印そのものはそれほど実用的とは言えないように思えた。ただ，災害は忘れたころに起こる。その時に慌てないようにしようという呼びかけは重要である。こんな風に防災を呼びかける輪が広がるのは cool だ。

　これは，もしかしたら目印として利用するもので，スマートフォンのアプリとともに利用することが想定されているのかもしれない。だが，充電が切れればそれで終わりである。災害時のために充電器を持ち歩く，というのが防災の常識になるのかもしれない。

進む民間による社会インフラ整備

　現状で指定避難所のクオリティーはまだまだ発展途上である。また仮設住宅の建設にも相応な時間がかかる。こうした中で，問題を解決しようとする民間の動きがある。一つの例が，一般社団法人日本モバイル建築協会が提供する「モバイル建築」である。

　モバイル建築とは，トラック等に積載して目的地に運ぶことができる建築物の総称である。ユニットはそのままの形で使用でき，いちいち解体は行わない。必要がなくなればユニットごと元の，あるいは次の目的地に移築される。建築ユニットは標準化されており，人数や目的にあわせて複数のユニットを連結・多層化する事ができる。自然災害時だけなく，コロナ禍における臨時医療施設などにも活用が可能であるという。また一般住宅と同等以上の安全性，耐久性，断熱性，遮音性，環境性能を有するため，通常の住宅としても快適に利用可能であるとのことだ。

　このモバイル建築の特筆すべき点は，災害への備えではあるが，災害がないときにも遊んでいるわけではないということである。平常時はこれを研修センターやコミュニティー施設，また短期の宿泊施設などとして使用し，災害時にトラックで運ぶという運用が想定されている。平常時に利用料でなにがしかの資金を蓄え，災害時に備えるという発想であれば，（幸いにして）災害がなくても無駄にはならない。こうした「施設の備蓄」は社会資本だというのが運営主体の主張である。また基本的には解体せず繰り返し使用できるため，ごみの削減や低炭素社会への貢献につながるなど，環境への配慮がなされている点も好感が持てる。

　もちろん運ぶためには道路の開通が不可欠であり，また設置場所の広さも課題となる可能性はある。だが，迅速に，またある程度の量が供給されれば，被災後の長期の避難生活における健康問題の解消に貢献する可能性は高い。各戸は独立しているため，ペットがいても問題にはならないし，プライバシーも確保される。こうしたアイディアが民間から多数出てくることは社会として歓迎すべきことである。公的な支援は様々な法や制度の

縛りを受けることに加えて，避難所を設営するスタッフは極めて多忙である。社会資本の提供者は政府・自治体のみとの発想から脱却し，官民共同で被災者の生活をよりよくする仕組みがますます発展することが望まれている。

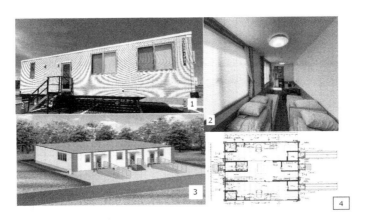

Fig.14-4　モバイル建築ユニットの例

1は通常のモバイルユニットの外観，2は内装，3，4は感染症対策 臨時産科ユニットの外観とその設計図である。2021年夏，千葉県柏市で新型コロナウイルスに感染した妊娠が入院を断られ，早産のため赤ちゃんが死亡したという出来事があった。この時にもし上記のような設備があれば悲劇は避けられたかもしれない。パンデミックの中での五輪開催に3兆円とも4兆円とも言われる資金が費やされたが，その何百分の1でもこうした設備にまわすべきではなかったのか。(写真提供：一般社団法人日本モバイル建築協会)

　避難生活を快適にするための機器の開発も進んでいる。たとえば，避難所では水が不足し，入浴などがなかなかできないことがある。避難所における衛生管理は重要課題であるが，東日本大震災までは入浴は自衛隊が提供するもの以外の選択肢はほとんどなかった。だが2016年の熊本地震，2018年の西日本豪雨などをきっかけに，最近の災害では，民間で開発された高度なリサイクルシステムによって再生された水をつかったシャワーが提供されている (Fig.14-5)。

　このような技術がより多く普及し，被災者が少しでも快適で尊厳を保てるような環境が整備されることが望まれる。

Fig.14-5　WOTA

WOTA 株式会社によって開発された自律分散型水循環システム「WOTA BOX」を用いたシャワー。最先端の AI 水処理技術によって，一度使った水の 98% 以上を再生・循環利用できるという。避難者が身体の衛生を保つことに貢献すると思われる。
（写真提供：株式会社　WOTA）

土地利用の制限

　災害で家を失うと，人々は避難所や仮設の住宅に長く身を寄せなければならなくなる。これらの施設が仮に地獄のような空間だったとしても，多くの人々には他に選択肢がないのである。こうした人々をださないためにダムや堤防などを築くわけだが，繰り返し述べているようにこれらは完全ではない。ハード的なインフラ整備に加えて，できるだけ危険なところに住まない，住まわせないための土地利用制限も対策の一つになる。日本は災害大国で，どこにいても災害の危険はあるが，そのリスクは同じではない。津波であれば海岸近く，豪雨水害であれば河川のそばや凹地，また降雨による土砂災害であれば崖の下など，リスクの高い土地はその地形によってあらかじめ予想がつく。こうした土地へ住居を構えることを制限すれば，そのリスクは大幅に削減できる。

　とりわけ，避難が困難な高齢者施設や病院，障碍者のための施設などはできるだけ安全な場所への移転が急務である。2016 年の台風 10 号では，岩手のグループホームで浸水して 9 名が死亡したが，この施設は氾濫した川のすぐそばにあった。また 2020 年の熊本豪雨では，河川の氾濫により特別養護老人ホーム「千寿園」で高齢者 13 名と職員 1 名が死亡した。この際には熊本，長崎，福岡，大分で，70 件以上の高齢者施設で浸水被害が発生している。

　国交省（2021）が全国の自治体に対して行った調査によると，2016 年 4

月 1 日〜2018 年 9 月 30 日の間に災害レッドゾーン[12]で開発が許可された施設は 47 件で，災害危険区域には，病院，児童福祉施設，認定こども園，有料老人ホーム，グループホームが，また土砂災害特別警戒区域には，小学校・中学校，老人福祉施設，児童福祉施設，保育園が含まれている。また文部科学省が 2021 年に発表した調査によると，全国の公立学校 37374 校[13]のうち，およそ 20％にあたる 7476 校が浸水想定区域に立地しており，また約 11.2％にあたる 4192 校が土砂災害警戒区域に立地していることが明らかになった。また，493 校が浸水想定区域であり，かつ土砂災害警戒区域に立地している。

　高齢者施設や子どもの通う学校などはもちろんだが，一般の住宅や学校等も氾濫が予想される地域や土砂災害が予想される崖の下などは設置に適さない。2014 年 8 月，広島県を襲った集中豪雨（平成 26 年 8 月豪雨）により大規模な土砂災害が発生し，安佐南区の八木地区を中心に 70 名以上の死者が出る大惨事が発生した。死者の 90％以上は土石流により倒壊した家屋内で犠牲になっている。土石流が発生した地区は大部分が市街化区域であり，新興住宅地として開発された場所であった。

　こうした背景から国は「安全で魅力的なまちづくり推進」として 2020 年に都市再生特別措置法を改正した。この改正により災害レッドゾーンにおける自己居住用を除く住宅，店舗，病院，社会福祉施設，旅館・ホテル，工場等の開発許可が原則禁止となった。また，市街化調整区域の浸水ハザードエリアにおける住宅等の開発については，安全上及び避難上の対策等を許可の条件としている。既存の住宅や施設については，災害ハザードエリアから居住誘導区域への移転を促すための支援を決めている。ただし，レッドゾーンにおいても，自己居住用の住宅は対象外であるほか，業者に対しても届け出義務と勧告のみという点は変わらず，業者がこれに従わな

---

12) 災害危険区域（崖崩れ，出水等），土砂災害特別警戒区域，地すべり防止区域，急傾斜地崩壊危険区域。

13) 公立の幼稚園，幼保連携型認定こども園，小学校，中学校，義務教育学校，高等学校，中等教育学校及び特別支援学校。多くの学校は要配慮者利用施設という位置づけである。

かった場合に事業者名が公表できるようになったというだけが変更点である。ハードルは上がったといえるが，実際の減災効果は現時点では不明である。

　自治体の中には，独自に様々な政策を打ち出しているところがある。たとえば滋賀県は「滋賀県流域治水の推進に関する条例（2014年3月）により，浸水警戒区域の指定を含む複数の手段による総合的な治水を行っている。滋賀県はその面積のおよそ1/6が琵琶湖であり，琵琶湖に流入する河川は一級河川だけでも118本あるという水の県である。だが，琵琶湖から流出する河川は瀬田川一本だけであり，過去に何度も水害に見舞われている。

　県の条例は「どのような洪水においても命を守ることを最優先」とし，河川整備や河川への流出を防ぐ政策の他に，特にハイリスクと考えられる約50地区を「重点地区」として選定している。これを「特に安全な住まい方が必要なエリア」として公表し，個別の住まいごとの対策や，避難所の整備などに取り組んでいるのである（滋賀県, 2021）。

　滋賀県の取り組みで特に評価できると考えられるのは，河川ごとではなく，その地域ごとに統合的な水害リスクを見積もっていることである。一般に，河川はその規模や管理者（国か自治体か）によって，また上流か下流かによって，氾濫の発生確率の想定が異なっている。たとえば，一級河川は200年確率だが，上流の中小河川だと10年確率，というように。これは豪雨の際，上流の中小河川で，ある程度水を溢れさせないと，それが流入する大規模河川に過剰な負担がかかって大災害につながるリスクが考えられるためであり，緊急の場合には水門を閉じて流入を防ぐこともある。だが，水門を閉じれば，出口を塞がれた中小河川が氾濫し，その周辺部に被害が出ることになる。こうしたメカニズムのため，滋賀県では地域ごとに周辺を取り巻く大小の河川の氾濫確率に基づき，総合的にリスクを割り出す手法をとっているのである。このほかにも，氾濫地域に盛土をすると，そこが高くなったおかげで他の地域に被害が及ぶことなども勘案し，必ずしもかさ上げをしないなど，こまごまとした気遣いがみられる。さらに滋賀県では，ただ安全性を追求するのみならず，自然を残した川づくり

（多自然川づくり→本書 p.151）を意識しているようである。流域全体で，森林，水田，ため池などによる流域貯留対策なども含めた総合的な治水を目指している。

　自然を残しながら防災をするのであれば，居住制限や避難計画も含めたソフト対策が不可欠である。今後もそれぞれの地域から，その地域の人や自然の状況を踏まえた様々な取り組みが進むことが期待される。

BOX.14-3

琵琶湖の内湖

　かつては豪雨により琵琶湖の水位が一時的に上昇した場合でも，内湖と呼ばれる琵琶湖とつながった池に水が流れ込み，内湖が遊水機能を果たしていた。内湖ではヨシがよく茂り，琵琶湖に住む魚の産卵場となっており，また稚魚が育つ場所として重要な役割を果たしていた。だが，現在ではそのほとんどが干拓されてしまい，農地などになっている。加えて，水害防止のために湖岸堤で琵琶湖を囲い込んだ結果，有名なフナ寿司のニゴロブナやホンモロコといった魚類は産卵場所を失い，その数を減らしている。一方ブラックバスなどは，産卵に浅瀬や葦などを必要としないため大繁殖している。安全は重要な目標だが，やり方によっては自然の営みが失われ，長く続いた水との付き合い方や食文化なども変えてしまうことがあるのは残念なことである。

---

15. 山を治める

流域全体での治水

　治水は治山なども含め本来流域全体で考えるべきものである。上流域で河道に水を押し込めれば下流で水害が起きやすくなる。逆に下流域を守るために流れ込む支流の流量を限定すれば，バックウォーターなどが起きて上流の地域が水につかる。一部の地域全体に盛土をするなどしてかさ上げ

をすれば，それをしなかった地域に水が流れ込む。また，上流で宅地開発
などが進みコンクリートでカバーされる分が多くなれば，その分河川に出
てくる水の量が増える。最悪の場合には山の乱開発が降雨時の土石流のリ
スクを高めることもある。もちろん生態系もつながっている。流域を分断
して水害対策をしようとするとどうしても不都合や不合理がおきてしまう
のである。ダムなどのハード建設は流域全体の水のメカニズムを考慮にい
れてプランされるべきものである。

　昔から日本には山を治め，もって川を治めるという発想があっ
た。豊かな山の木々が水害から下流を守ると考えられていたのである。現
在でも山が緑豊かであると，木々の葉からの蒸散作用や，枝や葉が堆積し

BOX.15-1

森林の多面的価値

　森林の価値を貨幣換算するとどの程度になるだろうか。

　2001年に三菱総合研究所が，日本学術会議における討議内容を踏まえて森
林の多面的価値を代替法によって見積もっている（日本学術会議，2001）。これ
によると

森林の機能	代替財	価値（億円／年）
二酸化炭素吸収機能	火力発電所の二酸化炭素回収装置	12,391
表面侵食防止機能	砂防ダム	282,565
表層崩壊防止機能	土留工	84,421
洪水緩和機能	治水ダム	64,686
水資源貯留機能	利水ダム	87,407
水質浄化機能	雨水利用施設及び水道施設	146,361

合計およそ67兆8000億円／年となる。ここにはレクリエーションや観光の価
値は含まれていない。代替法による見積もりは，その機能を代替財によって担
保する必要があるのかという点を考慮しないため，当該の機能の価値としては
高めに出ることが多い。だがそれを差し引いたとしても大きな価値があること
が伺える。

てできた土の保水力によってダム機能の一部を代替すると考えられている。こうした機能を「緑のダム」と呼ぶこともある。蒸散作用は晴天のときに活発に働き，土の中に含まれている水を減らす。また保水作用は森林に降った雨を川に出さない，あるいは川に出るまでの時間を引き延ばす。

　前述の都賀川の流れる神戸六甲山は，明治時代に大規模に植林が行われた山である。現在の緑の山姿からは想像できないが，六甲山は江戸時代からの木材の過剰利用によって荒廃し，明治の頃には神戸港から眺めると禿山が白く照り返し「雪が積もっているように見えた」と言われるほどであった（六甲山ビジターセンター；饒村，2006）。六甲山に限らず日本の山林では，江戸時代に薪炭や建材などとして盛んに伐採が行われ，これが水害の一つの原因になると考えられていた。このため幕府や藩によって留山として木の伐採を禁じるなどの措置がとられていたところもある。

戦後の拡大造林

　さて，日本の森林は約7割が民有林であり，そのうち84%が私有林で私的に管理がなされている（民有林の残り16%は市町村や都道府県有）（林野庁，2017）。民有林のおよそ半分が人工的に植林された林であるが，そこに植えられているのは，スギやヒノキを中心にした針葉樹で，現在の日本ではスギ林はいたるところに見られる風景である（Fig.15-2）。これは戦後の拡大造林政策で，建材としてスギやヒノキといった成長の早い針葉樹が積極的に植林されたためである。戦争中は，燃料や材料など，軍需物資として木が伐採され，また戦後焼け野原になった日本では建材として木が伐採された。そこで伐採跡地に造林を行ったのである。さらに昭和30年ごろには家庭における燃料が薪からガスに替わり，里山を保全する重要性が低くなった。このため，里山の多くで広葉樹が伐採されてパルプ材などに利用され，跡地にも針葉樹が植えられていった。植林は里山から奥山に広がり，本州で標高800mを超えるような，つまりスギやヒノキには適していると言えないところまでスギ・ヒノキ林が拡大していった。拡大造林が最も盛

んだったのは 1955 年ごろから 1970 年ごろまでであるが，針葉樹の造林は 1990 年ごろまで続いた。こうして日本中の森がスギやヒノキの林に変わっていったのである。

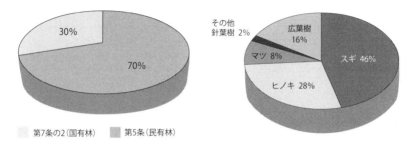

Fig.15-1　国有林（森林法第7条の2に基づく森林）と民有林（同第5条に基づく森林）の割合
Source: 林野庁森林資源の現況
（2017/3/31 現在）

Fig.15-2　民有人工林の樹種の割合
Source: 林野庁「樹種別齢級別面積」
（2017/3/31 現在）

さて，拡大造林によって，何はともあれ禿山に木が植わったので治山は完了したかというと，そうでもない。問題は少なくとも二つある。一つは，針葉樹の落葉した土は水を留める機能が小さい可能性があること，二つ目はより重要であるが，木材用に植林された針葉樹林はきちんと手入れをしないと荒廃して土壌が流出し，最悪の場合は斜面ごと崩落するなどの事態につながる可能性があることである。

樹木の蒸散・保水機能

洪水の観点からみた森林のダム機能とは，降雨時に水が河川に流出するのを遅らせる機能である。ここには植物の蒸散機能と植物やその腐葉土などの保水力が関係している。蒸散機能は晴天時に働き，雨が降る前の地中の水量を減らすことによって，降雨時に溜められる水の総容量を増やすことに貢献する。多目的ダムでいえば事前放流のような働きである。降雨の際は，まず木の葉や幹に水がまとわりつくことなどによってある程度水が

"溜まる"。少雨であれば木の下で雨宿りができるが，それは重なる葉の間などに水が溜まるからである。水が一定量を超えると，超えた分は地面に流れ土にしみこむが，腐葉土はスポンジの役割をして水を溜める。このスポンジの容量を超えれば水は河川に流出するが，超えるまでは一定の時間がかかる。これが流出を遅らせる機能である。木そのものや木が作った腐葉土が水を溜めることができる容量は限られており，本当の大雨の時は無力であるという指摘はよくなされるが，それはコンクリートのダムにしても同じことだ。ダムに貯められる水量は明らかに有限であり，一定の容量を超えれば容赦なく緊急放流が行われるし，実際に度々行われている。

　余談になるが，水源涵養林という考え方も時間の遅れを利用したものである。前述したが，木には水を吸い上げ，蒸散させる機能があるため，木を植えれば土の中の水の物理量は確実に減る。蒸散させるだけでなく，水は木の幹の中にもたまる。切ったばかりの木は，乾燥させたそれよりはるかに重い。中に水分がつまっているからである。物理的には水が減るのにも関わらず水源を涵養するというのは矛盾のように思われるが，日本の川は急傾斜であるため，降った雨が一気に河道にでれば，流れ去ってしまう。そのため時間をかけてゆっくり水を流す機能が必要になるのである。これが水源涵養林の役割である。

　さて，スギやヒノキは緑のダムの機能が弱いのかという論点であるが，ダム機能が樹種によって異なるのかどうかには諸説ある。一般には樹種によって大差はないとされているが，土のスポンジ機能だけに着目すると，リグニンが多くかつ窒素分の少ない針葉樹の落葉土より，広葉樹のほうがやわらかい腐葉土になるとの主張もある（中根，2001）。一方，蒸散機能については成長が早い針葉樹の方に軍配が上がるかもしれない。常緑であることが蒸散に有利に働きそうであるが，蒸散によって水を減らす必要がある季節，すなわち梅雨や秋の長雨シーズンでの効力を，年間を通じた蒸散量でどこまで測れるかは分からない。

　実際に森林に雨が降った場合，河道に出てくる時間がどれだけ遅れるかは，森林の年齢やもともとの土の状態，気候条件や樹木と環境との相性，

もちろん傾斜やその他多くの要因が絡んでいるため場所によってかなり異なり、一般論として針葉樹よりも広葉樹の方が優れているとは言い難い。ただ一つ、多くの研究者の意見が一致するのは、同じ植林された針葉樹林の場合、間伐や枝打ちといった手入れが行き届いている林と、そうでない林とでは、前者のほうが優れているという点である。

放置された針葉樹林

1960年代ごろから拡大造林で植えられたスギやヒノキは、およそ40年後の2000年ごろには市場に出せる太さに育った。ところが、これよりはるかに前に、国産の木材の需要が減少してしまっていたのである。まず、無垢の柱を使って家を建てるという建築が必ずしも主流ではなくなり、合板などが使われるようになった。また鉄筋コンクリート製の大規模なアパートも住宅として一般的な選択肢になった。つまり、立派な木がそれほど必要とされない家が主流となっていったのである。追い打ちをかけるように、木材貿易が自由化され1960年まで国産のみで占められていた市場に外国産の木材が入って来るようになった。最初はフィリピンから木材が輸入されていたが、これは天然の大木であり良質のうえ安価であった。これらの理由によって国産の木材の価格が下がり、木材を売っても伐採費用に満たない、仮に伐採費用がまかなえたとしてもその後の植林はできず未植林地となるなどの問題がでてくることになっていったのである。

市場価値が落ちた木は枝打ちや間伐などの手入れがされずに放置され、日本中のいたるところで山の荒廃が急速に進んでいった。もともと日本の山林の多くは傾斜地にあり、場所によっては「斜面に立つと鼻が崖につく」といわれるほどの急傾斜であり（もちろん大げさな表現だ）、伐採には費用だけでなく危険も伴う。したがって伐採にも運搬にも人件費がかかり、価格で外材に太刀打ちするのは難しい。また、かつては間伐材にも割り箸の材料などの需要があったが、これも外材の柳やシラカバなどに置き換えられ、間伐材の需要も低迷する。木材の価格が大幅に下がり、副産物の

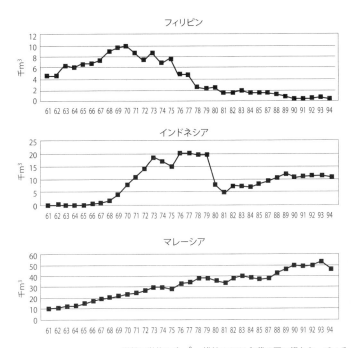

フィリピン

インドネシア

マレーシア

縦軸の単位は千m³，横軸は1900年代の下二桁となっている。

Fig.15-3　日本の木材の輸入量と輸入元

　1960年代以前は，日本は外材をほとんど輸入していなかった。初めはフィリピンから
木材を輸入していたが，現地の木が枯渇すると輸入元はインドネシアに移り，80年代に
インドネシアが丸太の輸出を制限するとマレーシアなどから輸入するようになった。

　間伐材にも需要がなくなったことで，森林は手入れをしてまで守るだけの
価値を失い放置されるようになったのである。現在，民有林では不在地主
の増加が問題となっている。私有林では全国で2割を超えると言われるが，
地域によっても差があるようである。面積の95％以上を森林が占める山
梨県早川町（2017）の調査では，森林組合の組合員でも2/3が不在地主で
あったという。不在地主の中には相続でたまたま手に入れたものの，現地
に一度も赴いたことがないような地主もいる。これはその責任を放棄する
地主が悪いというような話ではなく，時代と市場が変わったのである。

Fig.15-4　奥多摩の山。

都内にも急傾斜地にスギが植えられているところがある。奥多摩地区は，かつては林業が盛んであった。

BOX.15-2

Sogo-Shousha

　1960年代から70年代にかけて，日本はフィリピンから多量の木材を輸入した。そのため，フィリピンの森は荒廃し，水害も増えたとされる。この時に木を買い付けていた総合商社はSogo-Shoushaというそのままの単語で英語圏の研究者にも認知された。もちろんポジティブな意味はなく，彼らにとっての日本はFig.15-5の絵のような印象である。特に日本は国土の7割が森林であり，その木を切らずに輸入したため，自分のところの自然を守りながら，他国の自然を壊していると批判されたものである。

　フィリピンの木が切られて日本に木材が輸出されたのは事実であったとしても，日本の山も，木の値段が下がることによって荒廃が進んだため，「自分のところの自然は守った」という批判は当たらない。守るためではなく，単に価格競争でまけただけである。実際に日本の森林は放置され荒廃し，残念ながら森林は輸出元，輸入先の双方で劣化してしまった。また商社は売っているものを買うだけで違法に取引をしているわけではない。

　国際貿易では，関税であれ非関税であれ貿易障壁を作ることは不正義とされる

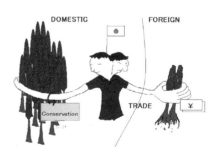

Fig.15-5　当時の外国人研究者から見た日本
（誤解である）　　　　© 瀬尾佳美

ため，輸入国側で取れる手立ては限られる場合が多い。フィリピンの木材については，日本が輸入したのは伐採重量に対して3％ほどであったため，貿易が森林伐採の"主犯"であるとする意見には反論もある。ただし，輸入重量で貿易の自然への影響を見ることは適切ではない。輸入する木材は枝や根が切り落とされており，それらは貿易重量にははいらない。加えて，価格が付く木を切るために周辺の小さい木が伐採され，また商品を運搬する道を作るためにも木が伐採された。したがって伐採木の総重量に対して，商品の重量が限定的なのは当然なのである。もっとも，伐採跡地に植林がおこなわれたわけではなく，畑に変わっていった事情を考えると，木材は開墾の副産物であったとの考え方も成立する。いずれにしても国際的なマーケットメカニズムによって，輸入国，輸出国の双方で森林破壊が進んでしまったのである。

荒廃した林と災害

　スギやヒノキの人工林は手入れをしないと荒廃する。荒廃した人工林が短期間にもとの天然林に戻る可能性はほぼなく，それどころか災害につながる可能性が高くなる。メカニズムは以下の通りである。まず，人工林は間伐を前提として苗を密生して植える。こうすることで，競争させ，競争に生き残った木を大きく太く育てるのである。密生させておいて間伐をしないと，その状態で木が育ち，根元に日がほとんど当たらない暗い林となる。こういった林では下草が育たず，表面の土壌が流出しやすくなる。草や苔は雨粒の衝撃を緩衝し，また細かい根が土の流出を抑えるのである。そのため暗く，下草が育たない林では雨が降る度に少しずつ表土が流出してしまう。これが度重なると，森林に雨の通り道ができ，次第に深く掘れて谷を作っていく。最後にFig.15-6のように，できた谷に向かって木が倒れて土の流出がますます進み，土砂災害のリスクが高まる。こうなってしまうと，土留めのための擁壁が必要となり，大きな費用がかかることになる[14]。

---

14) ちなみに熱海市の土砂災害の現場では，中腹に土留めの砂防ダムがあったが，地盤ごと崩落してしまっている。したがって砂防ダムや擁壁があれば確実に土砂災害を防げるというわけでもない。

コスト面を考えずに防災の観点だけから見れば，手入れができないのであれば針葉樹の植林は避け，自然林を模した森を作るべきなのである。自然林を模した人工林で有名なのは明治神宮の森である。現在は自然の力のみで成長し，自然そのままのように見える森は当初は綿密に計画され，植林された人の手による芸術である。前述の神戸六甲山の植林も，スギのみのモノカルチャー林ではなく多様な木々があたかも天然の森のように育っている。だが，そもそも手入れができない理由がコストであるので，針葉樹林を多様性のある天然林に近い林に戻すインセンティブを個人の地主は持ち得ない。これこそ公共の役割ではないか。

Fig.15-6　植林されたまま手入れがなされていない暗いスギ林

雨が降るたびに水の道が深く掘れていき，そこに向かって木が倒れている。
（東京都林業試験場協力，筆者撮影）

Fig.15-7　ドライブの途中などでよく見るスギ林（千葉県にて撮影）

細い木が密生しており，何本かが下に向かって倒れているのがわかる。現在日本のあちらこちらで，このようなスギをよく見かける。このため，スギは根が浅い，という説が地元で信じられていたりするが，倒れているのは植林されたまま手入れがなされていない木々であろう。スギは背が高いので，テコの原理で倒れてしまう，つまり高さと根のバランスの問題もあるのかもしれないが，樹種としてスギの根が特に浅いということはないようである（小見山，2002）。

山の開発とリスク

針葉樹を植林したにもかかわらず，価値がなくなってしまった山はほっ

ておいても天然林に戻ることはない。強間伐を行い，混交林を経て天然に近い姿にすることはできるかもしれないが，そのようなインセンティブを山主はもっていない。しかし，木に価値はなくても土地に価値があることがある。たとえば，バブル期には山頂や尾根を切って多くのゴルフ場ができた。観光地であれば別荘地としての用途もあろう。山の斜面を切り開いた別荘地は海が見えるなど眺望にすぐれるかもしれない。また，谷が建設残土や産業廃棄物の捨て場となる場合もある。また最近では，日本各地で山は大規模なソーラー発電場となっている。こうした開発によって木を切ってしまうと，蒸散作用が失われ，場所によっては土石流のリスクが高まる。2021年7月の熱海市の土石流災害では，土石流の起点となる地域における樹木の伐採と，産業廃棄物を含む土による盛土が災害の規模を大きくした可能性が指摘されている。熱海市の土砂災害で流出した土は5万 m^3 以上と推計されているが，これは，業者が造成地に行った盛土とほぼ同じ量であると推定されている（2021年7月現在）。

Note：熱海市の土砂災害

　熱海市の土砂災害で，逢初川上流で残土や廃棄物の含まれた土で盛土をしたことと，災害発生の因果関係を証明することは困難かもしれない。森林伐採と盛土がリスクを高める可能性はあるが，盛土があったから土石流が発生したのか，開発がなくても発生したのかを正確に見極めるのは難しい。ただ，こういった因果関係の証明の難しさは，酒酔い運転の事故程度のことでも同じで，飲んでいたから事故を起こしたのか，実は飲まなくても起きていた事故なのかは正確には分からない。死亡事故の94％はしらふのドライバーが起こしているのである。因果関係の特定は困難であるし，その必要があるかどうかもわからない。飲酒によって事故のリスクが高まるのはわかっているので，予防的な意味も含めて酒酔い運転全体を違法として取り締まるほうが合理的であり，実際にそうなっている。開発についても，重大な災害がおきてからその責任の所在を究明することにリソースを割くより，災害リスクを高める可能性のある行為全体に法的な網をかけ，政府や自治体によって管理するほうが合理的なのではないか。

ゴルフ場については，水平に近い形で山を切り，芝を植えるので土壌の流出は小さいかもしれないが，芝の蒸散作用は森林に劣ると思われる。また芝用の農薬を水源近くで散布することの是非もかつて議論となった。

"エコ発電"の課題

　太陽光発電は，資源の少ない日本には貴重なエネルギー源である。固定価格買取制度（FIT）など，政策による後押しもあり，2011年の原子力発電所事故以来，日本全国に広まった。だが，一方で課題もある。太陽光発電は原子力や火力に比べるとエネルギー密度が著しく低く，日当たりのよい土地を大面積で被覆する必要がある。結果として山地などにメガソーラーが設置され，大規模な森林伐採が行われ里山が姿を消すなどしているのが現状であり，このことによる，自然災害の大規模化が懸念されている。2021年の熱海市の土砂災害でも，問題となった廃棄物による盛土の傍にメガソーラーが設置されており，そのことによって土砂災害のリスクが高まったのではないかと懸念を表す住民もいる。リスクが実際に高まったかどうかにかかわらず，以前から気にしながらの生活であったようであり，少なくとも太陽光パネルがQOLを下げたと言うことはできる。太陽光パネルについてこのような心配をしている住民がいるのは，熱海だけではなく，杞憂ともいいきれない。

　山地ではないが，2015年の鬼怒川の決壊も，ソーラーパネルが設置されていた付近から洪水が流出している。ソーラーパネルは自然の堤防の一部を掘削して設置されており，越水はこれを原因とした人災であるとして，のちに法廷に持ち込まれている。パネル設置にあたって正式な手続きを踏んだのであれば業者の責任とは言えないが，熱海市の土砂災害の事例でも市の再三の指導に業者側が従わなかったと報じられており，行政ができることは現状では限定的なのかもしれない。また大規模なパネルの設置には届け出が必要であるが，発電量出力2000 kW未満の発電所には届け出義務もなく，パネルが斜面を蚕食状に被覆すればトータルでリスクが増大す

る懸念もある。太陽光発電は急速に日本中に広がったが，一方で対応する法体系は発展途上である。太陽光発電はエコ発電ではあるが，もともと日本は森林の二酸化炭素固定機能の重要性を主張してきたのであるから，ここに矛盾が生じないような制度設計がなされるべきであった。

　太陽光発電に係る環境懸念は森林伐採だけではない。環境省（2016）は，太陽光パネルに起因するリスクとして，廃棄物の増加のほか，動物・生態系への影響，景観の悪化，生活環境への影響，水象すなわち水災害リスクの増大，地形・地質への影響を挙げている。また資源エネルギー庁（2018）は，大量に設置された最初のパネルが耐用年数を迎える 2040 年頃に，大量の廃棄物が放置される懸念があると指摘している。太陽光パネルはカドミウム等の有害物質を含むため，一般廃棄物としては処理できないが，将来の処理のために積み立てをするなどして準備をしている業者は半分にも満たず，私有地に“有価物”として放置されるのではないかというのである。これが山や谷であれば，土砂災害の際に一緒に流され，災害のきっかけとはならなくても大規模化には関係することになる。

　生活環境や観光への影響についてはすでに目に見える形でトラブルになっている。たとえば，山梨県北杜市では約 2 万 5 千 m^2 の森林を伐採して大規模なソーラー発電所が建設され，2014 年から稼働しているが，設置にあたっては住民への説明は一切なかったとし，反対する住民とトラブルになった（高橋, 2015）。最近では長野県伊那市で，地元に計画されている太陽光発電施設に反対する署名が行政に提出されている（中日新聞電子版, 2021）。また鹿児島県霧島市では，太陽光発電施設が，広さ約 40 万坪の山斜面を造成して建設が予定されているとして，反対する署名活動が展開されている（2021 年現在）。このようなトラブルは全国各地で枚挙にいとまがない。山を切り開き，木を大量に伐採して設置されるメガソーラーは景観を破壊し，住環境を損ない，保養地や別荘地の価値を下げる。それだけではなく，災害の危険も懸念されるため，住民が反対するのは当然といえよう。FTA制度は再生可能エネルギーを割のよい投資物件にしたが，投資家は自然環境がもたらす有形無形の恩恵には関心がない。子どもの頃クワガタを取っ

た里山に行ってみたらすっかり木が伐採され，メガソーラーに姿をかえていたという"つぶやき"を見かけたことがあるが，こうした生活の質の低下や自然とふれあう機会の喪失，また山や森の「存在価値」，「遺贈価値」などは，本来ソーラー発電のコストに組み込まれてしかるべきものである。

Note：「存在価値」，「遺贈価値」

　自然の価値を金銭に換算することは簡単ではない。そこには市場にはない様々な価値があると考えられるからである。「存在価値」，「遺贈価値」という概念は非市場的な価値を測る手法である仮想評価法（CVM）でよく使われる。存在価値とはその名の通り，存在するだけで人々が価値を認めるものである。たとえば，もし「富士山」を取り除いてその土で相模湾を埋めるといった話があったとすると（もちろん，ない）富士山に登ったことがなく，これから一生登る予定がない人でも，日本人の多くが反対するであろう。富士山が見えないところに住んでいる人でさえも，である。ただ存在することに価値を感じるのである。

　よく似た非利用価値に「遺贈価値」がある。遺贈価値とは，自分自身は利用することはないが，将来世代に伝えたい自然や文化などに，遺すための価値を見い出すものである。たとえば，ある人物が個人としてはインドネシアの熱帯雨林を訪れることはないし，その存在に直接的な恩恵を感じているわけではないが，将来世代には価値があると考え，これを次世代に遺すために支払い意思を示す場合がある。

Fig.15-8　地方に急増している小規模な太陽光発電

もともと耕作放棄地であったと思われるが，農地であれば転用の手続きが必要となる。風景としては残念なものだ。

様々なトラブルを受けて，現在多くの自治体では太陽光発電所の建設を含む開発に対して条例で一定の制限を設けている。しかし，業者が行政の指導に応じるとは限らない。熱海の例はすでに挙げたが，静岡県伊東市では，2018年，「伊東市美しい景観等と太陽光発電設備設置事業との調和に関する条例第10条第1項及び第11条第1項の手続きを経ずに樹木の伐採，土地の造成等による区画形質の変更を行ったため，その後再三にわたり，事業を中止し，災害防止等を講ずるよう指導を行ったが，これに従わず事業を進めている」として業者名の公開に踏み切っている（伊東市，2018）。埼玉県日高市では「条例施行規則の規定にかかわらず」発電所を建設し事業を行うことができるとして，業者が市を訴えている。つまり，条例そのものが無効であるとの訴えである。このように，開発業者と行政の意見の食い違いは，日本各地で起きている。

　2021年7月，環境相は熱海の土砂災害の起点付近にソーラーファームがあったことを受け，災害リスクにつながる土地で太陽光発電所の規制を検討する考えを示している。私有地での経済活動の自由と住民の生命や公共の福祉をどのようにバランスさせるかは難しい問題である。一方で，二酸化炭素を排出しないエネルギー源を確保することも課題であり，これはRisk vs. Risk の問題である。

BOX.15-3

平均費用と限界費用は違う

　経済学で使うクルーグマンの教科書にこんなエピソードが紹介されている。

　アメリカ西部には水力発電に適した場所が多数存在し，低価格で電気を提供することができた。電力が安いとアルミ産業などを引き寄せることができる。では「西部諸州の政府が自分たちの地域に電力を多く使う産業をもっと誘致するというのは良いアイディアだろうか？ 1980年代まで，ほとんどの政治家や財界の指導者たちはそう思っていた。そして実際に多くのエネルギー集約産業がこの地域に移動した。だが，西部の電力会社は従来の料金では費用をまかなえないとして値上げをはじめ，消費者の驚きと怒りを買った」（クルーグマン，2007）。

　いうまでもなく，このミスは平均費用と限界費用の混同に端を発している。限界費用とは追加的に一単位の電力を作る費用であるが，ダムはダムに適した土地から順に建設されていくため，設置費用は新しいダムほど高くなる。つまり限界コストは上がってゆくのである。

　2021年，経済産業省は，2030年時点で事業用太陽光発電のコストが最も割安になるとの試算を発表したが（経済産業省，2021），発電コストを機材の価格のみから予想することは適切とはいえない。太陽光発電はエネルギー密度が低く，広大な土地を必要とする。設置に適した土地が少なくなれば，限界費用はそれだけ高くなることが予想されるのである。特に，森林伐採や傾斜地への設置のリスクや環境コストなどがきちんと反映されているかどうかが重要で，今後規制が厳しくなればコストは跳ね上がることも予想される。生態系や自然環境，住環境への外部性を無視した"エコ"ではエコにならないので，新しい技術やアイディアによって自然エネルギー全体の低価格と環境保全の両立を目指す必要がある。

　リスクの対策の費用対効果のところでもふれたが，対策の限界費用が上昇する場合，複数の対策（発電方法）を組み合わせ，限界費用を均等化させることが効率的である。自然エネルギーも，一つの方法を大規模に実施

するのではなく，太陽光，風力，地熱，海流，波力などをそれぞれの環境にあった形で組み合わせ，関連する環境コスト，環境リスクを抑えていくのが合理的であろう。

　現在，ソーラー発電で比較的ポテンシャルがあると思われるのは，透過採光型発電を採用したビルなどによる都市部での太陽光発電と，ソーラーシェアリング（営農型太陽光発電）を利用した農地，特に休耕地の積極的活用であろう。農水省（2020）によると，現在，耕作放棄地（主観ベース）は全国で40万haを超える。全農地面積がおよそ460万haであるので，全体の約9％弱にあたる（農水省，2020）。しかし，耕作放棄地といえども，農業外での農地利用には厳しい規制があり，農地は大規模なソーラーファーム建設には必ずしも向かない。実際，豊かな農地を潰しての発電所建設は農業の衰退を招く可能性があり，安易に規制を緩和するわけにもゆくまい。そこで，現在，農水省が推進しているのが，営農型太陽光発電の仕組みで，若干の規制緩和が認められている。営農型太陽光発電のメリットはいくつかあるが，路地に比べ日中やや涼しく農作業がしやすいことは，今後の温暖化の進行などを考えるとメリットの一つに挙げられるだろう。酷暑の中の農作業は辛いものなのである。

16 コラム 保険・金融の役割

政府支援

　水害の場合，命は早めの避難によってかなりの確率で救うことができるが，人は命だけ助かればいいというものではない。金銭的な損失もまた重大事である。災害で受けた損害を補塡する道は少なくとも二つある。一つは何らかの形で政府に援助を求めること。もう一つは保険によるリスク移転である。両者とも効果と注意点の両方が存在している。

　まず政府援助であるが，日本では現在，地震や水害等で家屋が被害を受けた場合，被災者生活再建支援法によって300万円までの現金が支給される。また避難者に対して無償で住居が貸与される場合もある。前述したが被災者生活再建支援法は阪神・淡路大震災をきっかけにできた制度である。倒壊した家屋の残りのローンと，新築によって抱える二重のローンが問題視され，創設された。阪神・淡路大震災直後も家屋に対して何らかの手当が必要であるとの議論はあったものの，個人所有の資産に対して税金を投入することの是非が問題となり，その時は支給されなかった。

　公共財の供給や貧富の格差是正といった，本来の政府の役割を考えると，個人資産の損害補償に税金を投入することのハードルは高い。補償金なり補助金なりの原資である税金は，こうした資産を所有していない人も多かれ少なかれ払っているためである。持たざるものから持てる者への所得移転は，社会的に受け入れ難い。個人所有の資産の損害は ——それが事故にあった車であれ被災した家屋であれ——個人が負うのが本来である。家屋は車より生活再建上重要であるという評価もあり得るが，家は所有している必要はなく，賃貸でも生活には困らない。つまり二重ローンを抱えるかどうかはあくまで自己判断なのである。阪神・淡路大震災以前に個人資産へ補助を出す仕組みがなかったのはこのような理由によるものであった。

　その後成立した被災者生活再建支援法による支払いは，建前としては被

災後の生活を支援することを目的とした"支援金"であり，損害の補償や家屋の再建のためではない。金額も相応のものにとどまっており，一応筋を通した形となっている。相互扶助の観点からの支援は，地域全体の早期復興という便益もあり，あまたの「ばら撒き」の中では道徳的にも受け入れやすいものでもあったため，今日に至っている。

　一方，被災者に対して無償で住居を提供する仕組みは過去にいくつかの小さい問題を起こしている。たとえば，災害救援法で無償提供されていた都内の住宅から，期限を過ぎても退去しなかった自主避難世帯に対して，福島県が訴訟を起こすという事件があった（日経新聞電子版, 2019/10/3）。阪神大震災の折も，借り上げ復興住宅の居住者が20年の期限を過ぎても退去せず，神戸市の訴えに対して，地裁が住民に明け渡しを求める判決を出している（市川, 2020）。20年もたってしまえば，被災当時50歳だった人も70歳となり，動くに動けなくなる。20年という期限の長さと格安な物件の提供という中途半端な温情が，逆に被災者の人生の終盤に追い出しという結末をつけることになったわけである。しかし，同じ被災者に対する公平性の観点から考えれば，退去要請にも理はある。貧困が理由であれば，被災の有無にかかわらず受けることができる生活保護で支援されるべきという理屈は十分通用する。人々が貧困に陥る原因は様々でそこに優劣はなく，社会はこれを等しく大事に扱わなければならない。災害の被害者だけを特別視する理由は存在しないということになろう。

発展途上の日本の損害保険

　さて，政府の援助に頼らずに生活を再建する手段の一つが保険である。保険にもモラルハザードの問題はあるものの，税の使い方の公平不公平といった問題は存在しにくい。掛け金に応じて支払いがなされ，そのリスクが市場で分散されるというだけのことである。

　損害保険は災害による損害を移転し，経済活動への影響を最小限に抑える機能を有している。だが，日本では保険による損害移転は先進諸国と比

較して十分とは言えない。Fig.16-1 は主な自然災害による損害と，そのうち保険によって補塡された金額の日米比較である。日本では災害，特に地震による損害の保険による補塡割合が低いことが分かる。

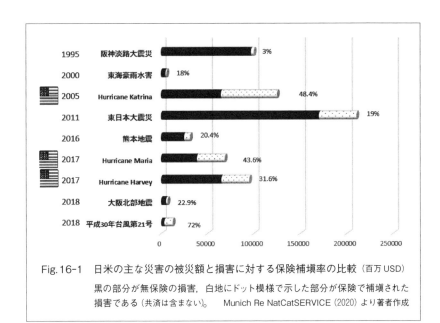

Fig.16-1　日米の主な災害の被災額と損害に対する保険補塡率の比較（百万 USD）
黒の部分が無保険の損害，白地にドット模様で示した部分が保険で補塡された
損害である（共済は含まない）。　　Munich Re NatCatSERVICE (2020) より著者作成

　2018 年の世界の元受保険料合計は 5 兆 1,930 億 USD であり，日本のシェアは 8.5％であった。これは米国の 28％，中国の 11％に次ぐ世界第 3 位である（Swiss Re, 2019）。一人当たりの総保険料でも世界平均を大きく上回っている。だが，損害保険に限ってみると十分とは言えない。同年の一人当たりの損害保険料は 837USD であり，これはアメリカ（4,481USD）の 1/5 にも満たず，韓国（1,567USD）の半分あまりである（Fig.16-2）。損害保険は資産に対する損害を補塡するものなので，一人当たりよりは GDP 当たりで見たほうが現状を把握しやすいかもしれない。そこで，GDP に占める損害保険料の割合を見ると，日本は 2.14％であり，これは世界平均の 2.78％をも下回っているのである（Fig.16-3）。ここから，保険好きではあるが，そ

の割合が生命保険で高く，損害保険で低いという日本の特性が見て取れる。

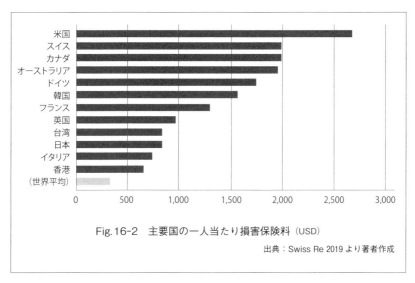

Fig. 16-2　主要国の一人当たり損害保険料（USD）

出典：Swiss Re 2019 より著者作成

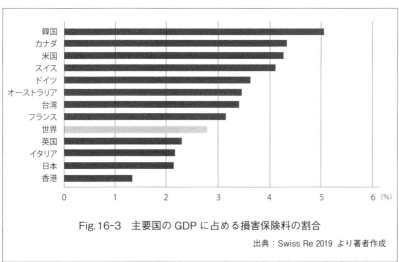

Fig. 16-3　主要国の GDP に占める損害保険料の割合

出典：Swiss Re 2019 より著者作成

BOX.16-1

生保損保の割合

　人々が保険料をどのように配分するかは国によってかなり違うようだ。オーストラリア，ドイツ，アメリカ合衆国などの国々では4割ほどが損害保険であるが，日本では保険料支出全体のおよそ7割が生命保険，3割程度が損害保険となっている。（Fig.16-4）

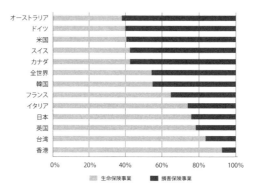

Fig.16-4　各国の生命保険と損害保険の割合比較

出典：Swiss Re 2019 より著者作成

保険とモラルハザード

　保険では税の使い方についての公平不公平といった問題は存在しにくいと述べたが，実際には保険が常に政府と無関係に市場だけで成立しているわけではない。大規模な地震や風水害の被害を民間の保険会社だけで引き受けるのは困難で，たとえば日本の地震保険は再保険を通じて政府が関与しているし，アメリカの水害保険は政府が直接販売しているものである。政府が関与している以上，その制度設計には国民の目が必要である。ポイントは少なくとも二つある。一つは通常の保険と同様，モラルハザードを防ぎ防災のインセンティブを引き出すこと，また逆選択を防ぐことである。二つ目は「公平性」という問題をどう考えるのか，という問題である。

　モラルハザードや逆選択は，保険につきものの問題で，その対策は簡単

ではない。自動車保険では，一定の免責を設けて補償を限定することや，保険料の値上げなどの形で事故にペナルティーを科すこと，また年齢などにより保険料を細分化するなどの対策が取られている。事故を起こしたら次回から保険料が上がるのであれば，事故防止のインセンティブにはつながる。だが，保険料が高くなりすぎると任意保険を止めてしまうという，最悪の結果を招く可能性もないわけではない。

　保険でモラルハザードを起こさせるのではなく，逆に防災のインセンティブを引き出せれば，保険の社会的意義は大きくなる。どのような事故でも病気でも同様なことは言えるが，リスクを低減する行動は，加入者自身のために推奨されるべきものである。一方，保険の元受けサイドから見ると，加入者が自主的にリスク削減行動を行えば，それだけ保険の支払額が減る。つまり，元受側も積極的に加入者のリスクを削減するインセンティブを持っている。虫歯になったときの治療費を保障する架空の保険会社を考えよう。この会社には加入者に歯ブラシを配布し，定期的に歯科点検の連絡をするインセンティブを持つ。一方，いかに高額なインプラントであっても，健康な自分の歯には遠く及ばないのであれば，歯磨きや点検は加入者自身のためにもなる。このような保険会社と加入者の Win-Win の関係こそ，本来保険というシステムに期待される社会的役割の一つである。もちろん，保険の最大の目的は，万一の事故や病気の際の大きな損害を避け，加入者の生活を持続可能とすることにある。しかし，防災のインセンティブを損なうことは加入者にとっても保険の元受けの会社や組織にとっても，また社会的にも損失であり，これを最小限にとどめることは重要な課題なのである。

アメリカ国家水害保険

　アメリカの国家水害保険（National Flood Insurance Program: NFIP）は，逆選択の問題と，加入者によるリスク低減のインセンティブについて，次のような仕組みで解決している。第一に，この保険は水害だけに特化している。

アメリカの標準的な住宅用と営業用不動産用の損害保険は，洪水損害をカバーしない（坪川，2006；FEMA, 2018）。NFIP が水害に特化することによって，減災の努力の効果が明確になる。第二に，この保険は個人では加入できず，地域ごとの加入になっている。これによって，逆選択の問題をある程度防ぐことができると考えられる。第三に水害対策の実施により保険料が減額になる。NFIP には Community Rating System（CRS）というプログラムがあり，減災努力によって保険料が5％から最大45％まで割り引かれる仕組みになっている。減災手段としては，浸水地図などの情報の提供，土地利用制限の実施，管理計画立案，早期の警戒情報網の整備など様々なものが用意されている。CRS のブローシャーには，これが減災の「努力を促すインセンティブである」ことが明示されている。アメリカの国家水害保険は保険料が割高であるとの不満もあり，この仕組みを日本にそのままもってこられるとは思わないが，この制度が減災の努力を促す仕組みになっているということを前面に出している点は評価のポイントであると思われる。

保険における「公平性」

さて，「公平性」をどう考えるのかという点と逆選択をどのように防ぐのかという点は密接な関係がある。公平性という概念は経済学のなかには明確な定義はない。つまりなにをもって公平とするのかは，判断する主体によって異なる概念なのである。損害保険における公平性には少なくとも二つの考え方がある。料率はリスク相応であるのが公平という考え方である。リスクが低いにも関わらず，あるいはリスク削減の努力をしているにも関わらず，そうでない加入者と同じ料率なのは不公平だということだ。リスクに応じた料率にすれば，リスクの低い人ほど保険を購入しないという逆選択を防ぐことができよう。これは事故を起こすごとに保険料が高くなる自動車保険の形である。

もう一つは，料率はリスクフラット，すなわちリスクに無関係に保険料

が決まることこそが公平という正反対の考え方である。この典型は日本の健康保険制度にみることができる。リスクの高低は偶然の産物であって，その偶然の不幸を補償できてこそ保険だというわけである。自然災害の場合であれば，どちらかといえば，低所得層がハイリスク集団になる傾向がある。豊かな人々はそもそも良い土地に住み，家屋も頑健なものを購入するが，それほど豊かでない人はその余裕がないかもしれない。保険の中に所得の再分配のメカニズムをいれておくほうが社会的な公平性が担保されるという発想である。このどちらが良いのかは対象とするリスクの種類やその社会の価値観，成熟度にもよる問題で，一般的な議論はできない。ただ，どちらを取るにしても何らかの形で，自主的な減災のインセンティブを引き出せるような設計をすることが課題となる。

不動産と不完全情報

　自然災害でも地震のように突然襲ってくるものは，どこで襲われるか分からない。自宅にいるとは限らず，職場かもしれないし，高速道路の上かもしれない。だが，豪雨水害の場合は，あらかじめ来ることが分かるため，どのような家屋をどこに建てるかで，個人の受けるリスクはかなり違ってくる。つまり，家を買うなり建てるなりするときには十分な情報収集が必要である。だが，現在の日本では十分な情報に基づいて住宅を購入することはそれほど簡単とも言えない。日本の不動産仲介は所謂「両手取引」という固有のスタイルであり，仲介業者は聞かれないリスクについては黙り続けるインセンティブを持っているからである。よく，不動産を買うときには図書館に行って，古地図を閲覧しろとアドバイスをする人がある。古地図を閲覧すると，そこがもともと水田や湿地を埋め立ててできた土地であるなどの来歴がわかり，怪しい物件をつかまされるリスクが減るからである。しかし，この情報化社会において，家族の安全にかかわる重要情報がなぜ「図書館の古地図」なのか？

　日本において住宅は情報の非対称が非常に大きな財である。中古住宅は

もちろん，新築もその建て方やメインテナンスなどによってリスクは著しく異なるようである。だが，専門家でも外からちらりと見ただけで正確な評価ができるわけではない。まして，通常の消費者は素人であり，かつ経験を通じて"目利き"になれるチャンスもほとんどない。普通の人が住宅を購入する機会は生涯に1度か，せいぜい2〜3度であるからだ。

　金額の大きさや災害のリスクを考えるなら，日本での不動産購入は，財務情報がわからない会社の株を大量に購入するようなものである。自分や家族が住むための家の購入という普通の行動が，なぜギャンブルになってしまうのか。震災などの影響をうけて土地が液状化し，家屋が傾いても自己責任なのか。ところで個人資産のリスクを被るべきなのが，本人なのか，自治体なのか，国なのか，という問いの立て方自体は正しいのだろうか。もし，住宅ローンがアメリカ型であったとしたら，ストーリーはまったく変わってくる。

金融機関をシステマティックに巻き込む

　アメリカの一部の州では，住宅ローンはノン・リコースローン（non-recourse loan）が採用されている。日本語で，非遡及型融資と訳されるこの融資は，世界恐慌のさいに，カリフォルニアなど西部の州を中心に制定された，Anti-Deficiency Laws の考え方が基本 となっている。このシステムの特徴は，ローンの返済が滞った場合，担保物件を銀行に差し出せば，残債を請求されることがないところにある。端的にいえば，「質屋」的なシステムであり，担保物件が市場価値に見合わない場合，貸し手側がそのリスクを負うことになる。これに対して，日本の住宅ローンはリコース型であり，返済が滞り住宅を手放さざるを得なくなった場合でも，その時点での住宅価値がローン残高に及ばなければ，ローンを払い続けなければならない。自己破産をすれば残債は放棄できるが，住宅ローンを組むときに連帯保証人をつけていれば，連帯保証人に弁済の義務が生じる。このため，自殺者まで出かねないシステムだとの批判が以前からある。日本の銀行

は，融資の際，火災保険会社と生命保険会社を指定し，借り手に加入を義務付ける。火災保険は，保険会社に「適正価格」の雛形があり，これがしばしば購入価格と大きく乖離しているため，万一の際，ローンだけが残る可能性が高いが，生命保険のほうは全額が補償されるため死ねば確実にローンが返済できる仕組みとなっている。ノン・リコースローンでは，住宅購入の際に生命保険に入ることは強制されない。つまり住宅ローンが返済できないことを理由に自殺する意味も必要も全くないのである。

　一方，銀行はノン・リコースの融資で高いデフォルトのリスクを負う。このため金利の上乗せという形で，リスク相当が回収される仕組みになっている。問題は"質屋システム"である以上，担保物件に対する高い知識と審査能力が銀行に要求されることである。それがなければ，銀行は確実にリスクにさらされることになるか，不当に高い金利で逆選択を招く結果になるだろう。日本の金融機関にはこうしたノウハウがないため，導入の可能性はないと考えられている。平成 19 年に自由民主党政務調査会が出した「200 年住宅ビジョン」（自由民主党政務調査会, 2007）の中にノン・リコースローンの導入が好ましいことが明記されているが，200 年どころか 10 年もたたないうちに立ち消えとなっている。平成が終わった現在でも，銀行のローンは単に借主の支払い能力（勤め先）を見て融資の可否を決定しているにすぎない[15]。

減災のインセンティブと情報の透明化

　さて，しかし，リコースかノン・リコースかという問題を貸し手と借り手のゼロサムゲームと考えると問題の本質を見誤る。ノン・リコースローンには，リコースローンにはない社会的な便益があると考えられる。一つは住宅の性能保持であり，もう一つは情報の透明化である。ともに減災に寄与することが期待される。

---

15) 個人的にはいずれ AI にとって代わられるのではと思っている。

まず，前者の減災及び性能保持のインセンティブであるが，住宅の持ち主だけではなく，リスクを負う銀行にもこのインセンティブがある，という点がポイントである。夏場の使わない時期，毛皮のコートを質屋に預ける人がいるという。質屋は質草を劣化させずに保持してくれるため，借り手が自分で保管するよりよほどよいのだという。保管料のつもりで利息を払い，冬になれば金を返済して受け出せばよい。この話の真偽は分からないが，ノン・リコースで融資をした銀行も担保物件に対して同様のインセンティブを持つ。つまり，担保の家や家のある地域の町並み全体をそれなりに保全する誘因を銀行がもつということが，この仕組みの重要な点である。たとえば HOA（home owners association）を通じた監視や，アプレイザル（不動産鑑定評価）の適切な実施を求める等の行動を通じて，住宅価値の維持に間接的にかかわることができるだろう。アメリカの HOA とは地域の管理組合に当たる。メインテナンスが不十分な家があると地域全体の資産価値が下がるため，HOA は所有者に適切なメインテナンスを求め，従わない場合は退去を求める場合もある（長野ら，2006）。こうした仕組みは個人が自分の家を適切に保全するインセンティブのみしか存在ない場合に比べてはるかに強力だ。個人と金融機関ではその力が異なるからである。

　中古市場が充実しているアメリカでは，住宅の価値が正当に評価される。また評価を可能にする仕組みが存在しており，所有者は住宅や周辺環境の価値を保つインセンティブを持つ。その仕組みの一つがノン・リコース型のローンである。そのため，アメリカでは住宅は消費財ではなく資産と考えられており，利回りも悪くはない。一方，日本では住宅がなにがしかの価値をもつのは 10 年程度であり，それを過ぎると，しばしば更地のほうが高く売れる。住宅のメインテナンスと性能保持の，減災への寄与はそれほど大きくないかもしれないが，少なくともマイナスではない。ごみ屋敷のようになってしまえば，出火のリスクも高くなるだろう。加えて，日本では廃棄物処分場は希少であり，建物が資産として扱われ，寿命が長く保たれることの社会的便益は大きいと考えられる。もともと，自民党の「200年住宅ビジョン」も，日本の住宅が短期で次々と廃棄物になっていくこと

を問題視したものであった。

　次に，情報の透明化とそれによる減災の可能性についてであるが，住宅は情報の非対称が非常に大きな財であることはすでに述べたが，マーケットがうまく働くためには，情報が十分にあることに加え，消費者が商品の購入に関してある程度熟達している必要がある。キャベツや大根の選択であれば，消費者は試行錯誤によって十分なトレーニングのチャンスを得るが，家の選択等，大きな意志決定ほどトレーニングのチャンスは少なく，こうした市場で効率的な資源配分がなされるかどうかは，キャベツや大根の市場ほどには明らかとはいえない。しかし，もし融資がノン・リコース型であるなら事態は異なったものとなる。銀行という力のある主体がリスクテーカーとして市場に巻き込まれるからである。ローンを扱う銀行には，相対的に十分なトレーニングのチャンスが存在しており，少なくとも一般の消費者よりはうまく情報を収集することも可能である。情報が不透明な物件では，銀行が損を被る可能性があるため融資がなされないかもしれず，売り手もインスペクションに同意せざるを得なくなる。また，性能の劣る物件がマーケットからはじき出される可能性もあるし，液状化の危険や浸水危険のある地域など，ハイリスクな地域における物件も市場に出回りにくくなるかもしれない。そうなれば，自然に減災が進むことも期待されよう。逆に融資がなされる物件に関しては安心して購入することができるし，万が一，価値が大きく下がるような事態—外環道の地下トンネル工事による陥没のようなこと—が あってもデフォルトというオプションも選択可能である。調布の陥没については幸い NEXCO 東日本がきちんと補償を表明しているが，常に先方に支払い能力があるとは限らない。

　災害に関していえば，ノン・リコースローンは金利に保険の掛け金が上乗せされた形の融資スタイルと考えることができる。リスクベースの保険料率や融資（限度額や利率など）の最大の利点は，リスク評価が加入者にフィードバックされるところにある。一般の人や小さい会社が低頻度巨大災害のリスクを平時から正確に認知することは難しく，費用のかかる対策を講じることはさらに難しい。金融システムの中に対策のインセンティブが

あれば，認知も対策もしやすくなるはずだ。しかし，先にも述べたが，このメリットを享受するためには，担保物件に関する「リスクの評価」がなされなければならず，これがハードルを高くしている。リスク評価には高度なスキルが必要であり，コストがかかるのである。結果として日本ではリスクベースの融資はゼロではないが発展途上であり，減災に大きく貢献しているとは言い難い状況である。

　災害リスクの観点からみると，日本の住宅，および住宅市場にはいくつかの問題点があり，ノン・リコースローンの導入は一つの処方箋となり得る。しかし，融資枠制限などとは違い，融資の決定自体は銀行の自己責任においてなされる仕組みであり，一律の規制にみる非効率が発生する余地はない。規制ではなく，市場の仕組みをうまくつかって，環境保全や減災などへの貢献を引き出す"デザイン"もまた公共財である。日本では公共事業というとコンクリートを思い浮かべるが，様々な仕掛けや仕組みの整備も公共事業の一つと考えられるべきなのである。

低頻度巨大災害と保険

　家屋やその他の資産の損害は保険の仕組みによってリスクの移転ができると書いた。だが，近年増加している大規模な水害などの損害をどこまで保険で補塡できるかは不透明である。保険会社のほうにも資金に限りがあるからである。日本は災害大国で，2011年の東日本大震災による損害は直接被害だけで17兆円にのぼった（内閣府，2011）。これは損害額としては過去最大を記録した2005年のハリケーン・カトリーナを上回るものであり，個人向け地震保険だけでおよそ1兆2,000億円支払いがなされた。この結果制度全体の準備金が震災前からほぼ半減したとされる（恩藏，2012）。また，最近では風水害も頻発している。日本損害保険協会（2018, 2019）によると2018年の7月豪雨，台風21号，台風24号で合計およそ1兆5,800億円，翌2019年の台風15号，19号，10月の豪雨水害では，およそ1兆円の支払いが発生している。この影響について，スイス再保険は「日本の

損害保険会社の収益性は大幅に低下したとみられる」とレポートしている（Swiss Re, 2019: p.25）。保険会社は大きな災害に備えて再保険をかけており、その引き受け手は政府であったり、再保険会社などであったりするのだが、政府にも資金に限度があり、また保険市場もそれほど大きいものではない。前述したように、低頻度の大規模災害のリスクを保険で移転しようとすれば、必要な資金は無限大に発散する。これに対する処方箋は一つしかなくて、マクロスケールで見れば損失の全額を補償するわけにはいかないということである。やはり減災の努力は重要であり、ここに保険などの仕組みを通して減災のインセンティブを持たせるべき理由がある。

　一方で、資金の調達先を広げることも、持続可能性を担保する要件になる。近年、世界的にも巨大災害による保険・再保険市場の資金ショート、あるいは保険料率の上昇への危惧があり、これが Catastrophe bond（以下 Cat 債）などの代替的リスク移転手法（ART）が急拡大している背景である。伝統的保険市場に比べてはるかに潤沢な資金量をもつ資本市場を使うことによる、リスクファイナンスの多様化が求められているのである。Cat 債とは災害をトリガーとした保険リンク証券である。その仕組みや発動要件の詳細は専門書に譲るが、大雑把に言えば、投資家は、もし災害が発生しなければ元金に加えてプレミアムを手にし、逆に災害が発生した場合は資金を放棄するという、いわばギャンブルのような仕組みである。直近で有名なのは前述した国際復興開発銀行（IBRD）のコロナウイルスによる感染拡大をトリガーとして発行されたパンデミック債であろう。この債権はトリガーが発動したため IBRD は資金調達に成功したが、もしパンデミックが起きていなければ、投資金額とプレミアムが投資家の手に渡ることになっていた。しかし、禍がないことのほうが、資金調達の成功より幸いである点は保険と同じである。保険をもらうより、事故や災害に遭わないほうがよい。保険と Cat 債の大きな違いは、前者は損失を補填するものであるが、後者はそうではないという点である。災害の発生そのものがトリガーとなるため、損害額の確定は必ずしも発動の要件ではないのである。したがって、モラルハザードの問題も起きにくいと考えられるし、比較的迅速

な決定が期待される。

　一般の国民や企業にとっては，資金調達の方法が保険市場であるか資本市場であるかは関心事ではないかもしれないが，Cat 債は一般企業でも自由に発行可能であるし，また個人は債権の引き受け手としてこの市場に参入することができる。一般企業として世界で初めての地震債権を発行したのは，東京ディズニーランドを運営する日本企業のオリエンタルランドである。オリエンタルランドの Cat 債は震源地を関東としていたため，東日本大震災のときには（残念ながら）発動はしなかった。

　引き受け手としての個人の参入だが，今のところ普通の人が気軽に購入するには単価が高い。だが，今はネット証券で数百円から買える企業の株式にしても，以前は株をもっているのは一部のお金持ちだけであった。時代は変わっていくものと思っている。大きな災害があると，なにがしかの寄付をしたいと思う人は多い。Cat 債購入は，トリガーとなる災害があればデフォルトとなるので，事実上の寄付のようなものである。だが，Cat 債のメリットは災害が起きる前，平時に災害をイメージできるところである。災害の規模や確率に興味を持ち，また対象地域の状況に思いをはせるきっかけを提供するであろう。もっとも投資家にとっての最大のメリットは，ポートフォリオの安定かもしれない。株式や社債など他の金融商品は世界同時の金融危機や信用リスクに同時にさらされる場合があるが，災害発生のリスクは金融市場のリスクとは独立であるため，リスクの分散が可能なのである。

　繰り返すが，様々なアイディア，方法でリスクを削減し，お互いに助け合う「仕組み」もまた公共財である。今後温暖化の影響で大規模災害が頻発するようになると考えられているが，新しい時代には新しい仕組みが必要である。できれば cool で fun な仕組みづくりのために，平時から知恵を出し合っておきたいものだ。

[Ⅲの参考文献]

American Rivers Dam Removal Database, 2021, https://figshare.com/ndownloader/files/26506169 (L. A. 2021/12/08).

Burton, I., R.W. Kats, G. F. White, 1993, *The Environment as Hazard*, The Guilford Press, NY. NY.

Crane, Jeff., 2009, "Setting the river free": The removal of the Edwards dam and the restoration of the Kennebec River. Water Hist,. 1. 131-148. 10.1007/s12685-009-0007-2

FEMA, 2018, *National flood insurance program community rating system*, FEMA B573.

Imada, Y., H. Kawase, M. Watanabe, M. Arai, H. Shiogama, I. Takayabu, 2020, Advanced risk-based event attribution for heavy regional rainfall events, npj Climate and Atmospheric Science 3, 1-8.

Munich Re NatCatSERVICE https://natcatservice.munichre.com/ (LA 2020.4.16).

National Geographic, 2011.09.27「米最大のダム撤去計画，解体作業始まる」https://natgeo.nikkeibp.co.jp/nng/article/news/14/4937/ (L.A. 2021/09/15).

Swiss Re, 2019, World insurance: the great pivot east continues, sigma 2019 (3).

Vahedifard, F, K. Madani, A. AghaKouchak, S. K. Thota, 2020, Preparing for proactive dam removal decisions. Science, 369 (6500), 150.

朝日デジタル（2018年8月8日付）https://www.asahi.com/articles/ASL885F8LL81PTIL00L.html (L. A. 2021/07/05).

市川英恵, 2020,「阪神・淡路大震災被災地における借上復興住宅立退問題と訴訟」18 (5), 21-26.

一般財団法人日本ダム協会 Web サイト http://damnet.or.jp/cgi-bin/binranA/Syuukei.cgi?sy=sou (L.A. 2021/09/15).

伊東市, 2018,「伊東市美しい景観等と太陽光発電設備設置事業との調和に関する条例第14条第1項に基づく事業者の氏名等の公表」https://www.city.ito.shizuoka.jp/gyosei/shiseijoho/itoshinotorikumi/keikaku_shisaku/6341.html (L.A. 2021/08/02).

植木 純, 2016,「在宅酸素療法の適応病態」, Web 医事新報 https://www.jmedj.co.jp/journal/paper/detail.php?id=770 (L.A. 2021/03/21).

植田信策, 2012,「東日本大震災被災地でのエコノミークラス症候群」, 静脈学, 23(4), 23-29.

大熊孝, 1987,「霞堤の機能と語源に関する考察」, 第七回日本土木史研究発表会論文集, 259-266.

大熊孝, 1995,「ダムの功罪」, 岩波ブックレット 375, 4-17.

大熊孝, 2020,「台風19号『八ッ場ダムが首都圏を氾濫から救った』は本当か」『現代農業』2020年9月号, 280-283.

岡山県, 2019,「平成30年7月豪雨災害検証報告書」.

会計検査院, 2012,「大規模な治水事業（ダム，放水路・導水路等）に関する会計検査の結果についての報告書（要旨）」.

片田敏孝, 2012,「人が死なない防災」, 集英社新書.

河北新報 2019.11.10 付「高の倉ダムの緊急放流検証へ　住民が協議会　南相馬」https:// www.kahoku.co.jp/tohokunews/201911/20191112_63018.html (L.A. 2021/03/18).

亀山宏, 1998,「吉野川第十堰がなぜ可動堰に？　生態系と干潟に配慮した開発に住民投票」水資源・環境研究, 11, 77-79.

環境省, 2009,「多自然川づくり」https://tenbou.nies.go.jp/science/description/detail. php?id=95 (L.A. 2021/09/15).

環境省, 2013,「災害時におけるペットの救護対策ガイドライン」https://www.env.go.jp/ nature/dobutsu/aigo/2_data/pamph/h2506.html (L.A. 2021/09/15).

環境省, 2016,「太陽光発電事業の環境保全対策に関する自治体の取組事例集」(2016), https://www.env.go.jp/press/files/jp/104005.pdf (L.A. 2021/08/02).

金 栽滸, 加藤孝明, 2020,「災害対応力の向上に向けた駐車場のコミュニティ避難拠点としての活用可能性に関する研究」, 地域安全学会論文集 37, 413-420. DOI.org/10.11314/ jisss.37.413

栗山浩一, 1997,『公共事業と環境の価値 ─ CVM ガイドブック』, 築地書館.

グルーグマン, P., ロビン W., 著　大山道広, 石橋孝次, 塩澤修平, 白井義昌, 大東一郎, 玉田康成, 蓬田守弘, 訳「クルーグマン　ミクロ経済学」, 東洋経済新報社.

経済産業省, 2021,「発電コスト検証に関するこれまでの議論について」https://www. enecho.meti.go.jp/committee/council/basic_policy_subcommittee/mitoshi/cost_wg/2021/ data/07_05.pdf (L.A. 2021/08/02).

国土技術政策総合研究所, 2017, 気候変動適応研究本部,「水技術政策に関する海外最新情報」, H29-3 号

国土交通省, 2006,「多自然川づくり基本指針」の策定について」https://www.mlit.go.jp/ river/shishin_guideline/kankyo/press/200607_12/061013/index.html (L.A. 2021/09/15).

国土交通省, 2009,「多自然川づくりの考え方」https://www.mlit.go.jp/river/kankyo/main/ ankyou/tashizen/pdf/kangaekata.pdf (L.A. 2021/09/15).

国土交通省, 2018a, 異常豪雨の頻発化に備えたダムの洪水調節機能に関する検討会, 「異常豪雨の頻発化に備えたダムの洪水調節機能と情報の充実に向けて（提言)」.

国土交通省, 2018b,「平成 30 年 7 月豪雨について」http://www.mlit.go.jp/river///shinngika i_blog/shaseishin/kasenbunkakai/shouiinkai/r-jigyouhyouka/dai11kai/pdf/5-1.shiryou.pdf (L.A. 2021/03/18).

国土交通省, 2018d,「野村ダム・鹿野川ダムの操作に関わる情報提供等に関する検証等の場（とりまとめ) 参考資料　平成 30 年 12 月」http://www.skr.mlit.go.jp/kasen/ kensyounoba/matomesankou.pdf (L. A. 2021/03/18).

国土交通省, 2019a,「令和元年台風第 19 号による被害等」http://www.mlit.go.jp/river/ shinngikai_blog/shaseishin/kasenbunkakai/shouiinkai/kikouhendou_suigai/1/pdf/11_ R1T19niyoruhigai.pdf (L. A. 2021/03/18).

国土交通省, 2019b,「第 1 回 ダムの洪水調節に関する検討会」広報　https://www.mlit. go.jp/report/press/mizukokudo04_hh_000114.html (L.A. 2021/03/18).

国土交通省, 2019c,「令和元年版　日本の水資源の現況」http://www.mlit.go.jp/common/

001319366.pdf (L.A. 2021/03/18).

国土交通省, 2021, 「防災・減災等のための都市計画法・都市再生特別措置法等の改正内容（案）について資料2」https://www.mlit.go.jp/policy/shingikai/content/001326007.pdf

小島菜実絵, 2013, 「避難所における支援物資の配給方法について」, 長崎国際大学論叢, 13, 153-159.

小見山 章, 2020, 「スギ・ヒノキは広葉樹より根が浅いか？」科研研究成果報告書　https://kaken.nii.ac.jp/report/KAKENHI-PROJECT-12660131/126601312002kenkyu_seika_hokoku_gaiyo/ (L.A. 2021/09/15).

滋賀県, 2021, 「滋賀県流域治水の推進に関する条例に基づく推進警戒区域の指定に係る重点地区の取組方針」https://www.pref.shiga.lg.jp/file/attachment/5238908.pdf (L. A. 2021/12/08).

資源エネルギー庁, 2018, 「2040 年, 太陽光パネルのゴミが大量に出てくる？ 再エネの廃棄物問題」 https://www.enecho.meti.go.jp/about/special/johoteikyo/taiyoukouhaiki.html (L.A. 2021/09/15).

自由民主党政務調査会, 2007, 「200 年住宅ビジョン　より長く大事に, より豊かに, より優しく — 住宅改革・ゆとりある住生活を目指して」). （平成 19 年 5 月）

ダイヤモンドオンライン, 2018.6.6 5:02「イタリアの避難所に被災後真っ先に届く三つのものとは」https://diamond.jp/articles/-/171495?page=4 (L. A. 2021/12/08).

高橋正夫, 2015, 「山梨県北杜市小淵沢町の篠原メガソーラーに関する報告」Journal for Interdisciplinary Research on Community Life vol.6, 22-29.

武田信一郎, 1998, 「吉野川第十堰建設事業の現状 と問題点」, 水資源・環境研究 Vol.11, 21-30.

中央防災会議, 2018, 「平成 30 年 7 月豪雨を踏まえた水害・土砂災害からの避難のあり方について（報告）」 http://www.bousai.go.jp/fusuigai/suigai_dosyaworking/index.html (L.A. 2021/03/18).

中日新聞電子版（2021/7/6）https://www.chunichi.co.jp/article/285628 (L.A. 2021/08/02)

坪川博彰, 2006, 「ハリケーン・カトリーナの保険問題 — 米国の自然災害保険から日本は何を学ぶべきか」, 防災科学技術研究所主要災害調査, 41, 109-116.

内閣府, 「避難勧告・避難指示を発令した市町村に対する調査結果」http://www.bousai.go.jp/oukyu/taisaku/hinannoarikata/pdf/4/shiryou1-1.pdf (LA 2021/05/17).

内閣府, 2016, 「平成 28 年度 熊本地震における避難所運営等の事例」http://www.bousai.go.jp/updates/h280414jishin/h28kumamoto/pdf/h281025sanko05.pdf (LA 2021/05/17).

中根周歩, 2001, 『水源の森講議』http://www.shizuku.or.tv/nakane.html (L.A. 2021/08/02).

長野幸司・頼あゆみ・渡瀬友博・宇杉大介, 2006, 「住宅の資産価値に関する研究」『国土交通政策研究 第 65 号』（2006 年 3 月）, 国土交通省国土交通政策研究所.

日経新聞電子版（2019 年 10 月 3 日）「自主避難者提訴を可決　福島県議会, 宿舎退去求め」https://www.nikkei.com/article/DGXMZO50567580T01C19A0CR8000/ (LA 021/03/02).

日本学術会議, 2001, 「地球環境・人間生活にかかわる農業及び森林の多面的な機能の評価について（答申）」

饒村曜, 2006,「昭和 13 年の阪神大水害と 100 年を見通した治水計画」https://news.
　yahoo.co.jp/byline/nyomurayo/20160705-00059619 (L.A. 2021/07/29).

農林水産省, 2020,「荒廃農地の現状と対策について」https://www.maff.go.jp/j/noushin/
　tikei/houkiti/Genzyo/PDF/Genzyo_0204.pdf

農林水産省, 2011,「農業用地下水の利用実態 ― 第 5 回農業用地下水利用実態調査の概
　要」https://www.maff.go.jp/j/nousin/sigen/pdf/chikasui.pdf (L.A. 2021/03/18).

畑大助, 2006,「全国の堤防跡と山梨の治水技術」, 堤防今昔 ― 治水技術の先進地やま
　なし―シンポジウム資料. https://www.pref.yamanashi.jp/maizou-bnk/sinpo-ziumu/docum
　ents/28128117119.pdf (L.A. 2021/03/18).

羽鳥剛史, 2019,「平成 30 年 7 月豪雨における 住民の避難行動について ― 西予市野村
　町の調査結果」https://www.ehime-u.ac.jp/wp-content/uploads/2018/07/c98b8a0340d405caf
　c2773cf3cc02ea0.pdf (L.A. 2021/03/18).

広島市, 2018,「平成 30 年 7 月豪雨の避難行動に関する調査結果」

広瀬弘忠, 2004,「人はなぜ逃げおくれるのか」, 集英社新書.

ポール・クルーグマン, ロビン・ウェルス, 2007, 大山道広, 石橋孝次, 塩澤修平, 白井
　義昌, 大東一郎（訳）「クルーグマン ミクロ経済学」, 東洋経済新報社, p.232.

毎日新聞, 2019 年 10 月 16 日付

三隅良平, 2019,「平成 30 年 7 月豪雨における被害の概要」防災科学技術研究所主要災
　害調査 第 53 号 2019 年 8 月.

文部科学省, 2021,「浸水想定区域・土砂災害警戒区域に立地する学校に関する調査の結
　果について」(報道発表).

山梨県甲斐市, 2010,「信玄堤 現代に生きる戦国武将の治水技術」, 建設マネージメント
　技術, 385, 48-50.

山梨県早川町, 2017,「森林現場視察概要」https://www.soumu.go.jp/main_content/0004921
　57.pdf (L.A. 2021/08/02).

吉田 護, 柿本竜治, 畑山満則, 阿部真育, 2018,「震災後の避難行動に関するモデル分析
　― 2016 年熊本地震の事例を通じて」土木学会論文集 D374,（5）, I_249-I_258.

林野庁, 2017,「森林資源の現況」https://www.rinya.maff.go.jp/j/keikaku/genkyou/h29/index.
　html (L.A.2021/08/02).

六甲山ビジターセンター　https://rokkosan.center/history (L.A. 2021/07/29).

終わりに

　人類はこれまで，科学の進歩や知識の蓄積により様々なリスクを克服してきた。太古の人類にとって自然は危険に満ちたものであった。野生生物に襲われることもあれば，飢饉で多くの人が命を落とすこともあった。自然だけでなく，戦争や虐殺などの社会的なリスクも大きかった。太古どころか先進国においてさえ，平均寿命が50歳を超えたのは戦後のことである。

　一方，現在の世界には人類がかつては想像もしなかったようなリスクが出現している。拙著『リスク理論入門』（中央経済社）を出版してから16年になるが，この間に，リーマンショックによる世界的な金融危機（2008），東日本大震災による巨大津波の襲来と原子力発電所事故（2011）など大規模でシステミックな危機を経験した。そして2019年からはCOVID-19感染症によるパンデミックが世界を襲っている。「100年に一度の危機」が5年に一度のペースで襲い掛かっている印象である。さらに地球温暖化と，それに伴って発生すると予想される様々なリスクの多くは，大規模で不可逆的なものであり，その克服は喫緊の課題となっている。

　本書では，前著で議論したリスクの概念を基本とし，「100年に一度の危機」のリスクを想定して書いたものである。特に近年急増している自然災害のリスクに重点を置いた。大きなリスクは，顕在化してから対策を取ることは難しい。「リスクの話（すべて"仮定の話"）」を平時からしておくことはとても重要なことだと考えている。大金をかけて稀なリスクに備えることは無駄が多いとしても，どんなことが起こりうるかを時々話し合い，頭の中でシミュレーションしておくことに費用はかからない。

　本書は，リスク学という道具を使って実現すべき，意思決定の透明化，リスクコミュニケーションといった民主的手続きの重要性をやや強調する

内容となっている。これは筆者自身が，近年の日本における民主主義の形骸化を危惧しているためである。実は表題に「民主主義」を入れることにはやや迷いがあった。「民主主義」という言葉には，「衆愚政治」の含意がないわけではないからである。本書でいう「民主主義」は，個別の意思決定に関する市民参加と説明責任のことであり，多数決や投票による選択については扱っていない。投票という仕組みが矛盾のない意思決定を可能にするものではない，というのはアローの定理が主張する通りである。

　市民参加やリスクコミュニケーションといった手続きのコストは重い。だが，新しい時代のリスクの数々は独裁では乗り切れないと思っている。仮にそのいくつかを上手くコントロールできたとしても，そこには（かつて見たような）別のリスクが発生する恐れがあることを忘れてはならない。

　新しいリスクは複雑化し見えにくい。だが，じわじわと我々の生活を脅かしているのかもしれない。しかし人類はこれからもリスクの中で，リスクとともに生き抜いていかなければならない。本書が新しいリスク時代を生き抜くすべての人に，少しでも貢献できればこれ以上の幸せはない。

　本書の内容の一部は，青山国際政経論集上で発表した Note や論説に加筆修正したものを含んでいる（すべて著作権移譲済み）。

・本書 8.「共助と絆のコスト」は，「PTA の経済学」（2018，青山国際政経論集，巻 100）の一部に基づいている。
・本書 9.「住民参加の意思決定」の中の羽田新ルート問題に関する記述は「リスク学の役割とパブリックインボルブメント：羽田空港新ルート問題のケース」（2021，青山国際政経論集，巻 106）から一部を引用している。
・本書 16.「保険・金融の役割」は「災害に強く環境調和的な 200 年住宅を考える：金融の果たしうる役割に関する一考察」（2013，青山国際政経論集，巻 89）および「五輪に使え CAT 債：金融システムを通じた社会貢献」（2020，青山国際政経論集，巻 105）の 2 つを基にして執筆したものである。

本稿は筆者個人の責任において執筆されたものです。内容に関する責任の一切は筆者にあり，所属組織は無関係です。

謝 辞

本書は青山学院大学国際政治経済学部の出版助成を受けて出版されたものです。ご支援いただいた学部に感謝いたします。出版を快くお引き受け下さった，明石書店社長の大江道雅様，辛抱強く我儘に付き合って下さった秋耕社の小林一郎様，そして明石書店様をご紹介くださった世界国際関係学会（ISA）Asia Pacific Region 会長の羽場久美子先生の3氏に深く感謝いたします。また，写真を含む資料を提供してくださった立教大学教授の長坂俊成先生，同じく写真資料を提供してくださった東日本大震災被災者で筆者の学生の佐藤諒さん，細かいところまで校正してくださった笹川茉衣さん，最後に阪大時代からの友人のよしみで著者校正を手伝ってくださった田渕悦子さん，本当にありがとうございました。

●著者プロフィール

瀬尾佳美（せお・かみ）
青山学院大学国際政治経済学部准教授
著書に『リスク理論入門』（中央経済社）。
田渕悦子氏との共著論文「連帯保証人の経済学—中小企業金融の再デザイン」で「（第5回）フジタ未来経営賞」授賞。
都市・地域計画学博士。

リスク管理と民主主義
——自然災害・パンデミックに直面する前に

2022年2月20日　初版第1刷発行

著　者　　瀬　尾　佳　美
発行者　　大　江　道　雅
発行所　　株式会社 明 石 書 店

〒101-0021 東京都千代田区外神田 6-9-5
電話　03（5818）1171
FAX　03（5818）1174
振替　00100-7-24505
https://www.akashi.co.jp

組　版　　有限会社秋耕社
装　丁　　明石書店デザイン室
印刷・製本　モリモト印刷株式会社

（定価はカバーに表示してあります）　　　　ISBN 978-4-7503-5351-7